영역	과목	교재	예비 초등	1-2학년	3-4학년	5-6학년	예비중등
쓰기력	국어	한글 바로 쓰기	P1 · P2 · P3 / P1~3_활동 모음집				
	국어	맞춤법 바로 쓰기		1A 1B 2A 2B			
어휘력	전 과목	어휘		1A 1B 2A 2B	3A 3B 4A 4B	5A 5B 6A 6B	
	전 과목	한자 어휘		1A 1B 2A 2B	3A 3B 4A 4B	5A 5B 6A 6B	
	영어	파닉스		1 · 2			
	영어	영단어			3A 3B 4A 4B	5A 5B 6A 6B	
독해력	국어	독해	P1 · P2	1A 1B 2A 2B	3A 3B 4A 4B	5A 5B 6A 6B	
	한국사	독해 인물편			1 ~ 4		
	한국사	독해 시대편			1 ~ 4		
계산력	수학	계산		1A 1B 2A 2B	3A 3B 4A 4B	5A 5B 6A 6B	7A 7B
교과서 문해력	전 과목	교과서가 술술 읽히는 서술어		1A 1B 2A 2B	3A 3B 4A 4B	5A 5B 6A 6B	
	사회	교과서 자료 독해			3-1 3-2 4-1 4-2	5-1 5-2 6-1 6-2	
	수학	문장제 기본		1A 1B 2A 2B	3A 3B 4A 4B	5A 5B 6A 6B	
	수학	문장제 발전		1A 1B 2A 2B	3A 3B 4A 4B	5A 5B 6A 6B	
창의·사고력	전 과목	교과서 놀이 활동북	1 ~ 8				
	수학	초등 수학 놀이 활동북	1 ~ 10				

* 완자 공부력 신간은 계속해서 출간됩니다.

세상이 변해도
배움의 즐거움은
변함없도록

시대는 빠르게 변해도
배움의 즐거움은
변함없어야 하기에

어제의 비상은
남다른 교재부터
결이 다른 콘텐츠
전에 없던 교육 플랫폼까지

변함없는 혁신으로
교육 문화 환경의 새로운 전형을
실현해왔습니다.

비상은 오늘, 다시 한번
새로운 교육 문화 환경을 실현하기 위한
또 하나의 혁신을 시작합니다.

오늘의 내가 어제의 나를 초월하고
오늘의 교육이 어제의 교육을 초월하여
배움의 즐거움을 지속하는 혁신,

바로, 메타인지 기반 완전 학습을.

상상을 실현하는 교육 문화 기업 비상

메타인지 기반 완전 학습

초월을 뜻하는 meta와 생각을 뜻하는 인지가 결합한 메타인지는
자신이 알고 모르는 것을 스스로 구분하고 학습계획을 세우도록 하는
궁극의 학습 능력입니다. 비상의 메타인지 기반 완전 학습 시스템은
잠들어 있는 메타인지를 깨워 공부를 100% 내 것으로 만들도록 합니다.

🔍 **교과서 문해력 사회 교과서 자료 독해 4-2**

안녕? 나는 호기심 대장 뭉치야!

나는 이곳저곳을 다니며 모험하는 것을 아주 좋아해!

이번에는 **사회 공부 비밀을 간직하고 있는 섬을 탐험**할 거야.

섬을 탐험하려면 너의 도움이 필요해.

자신이 없다고? 걱정하지 마!

"완자 공부력" 이 있잖아!

이제 함께 모험을 떠나 볼까?

왜 자료가 중요할까요?

자료에서 정보를 읽어 내는 **자료 문해력**이 사회 공부의 핵심이야!

3-1

교과서 주제	교과서 속 자료
장소	사진
심상지도	심상지도
장소감	그림
지역과 장소	표
디지털 영상지도	디지털 영상지도
디지털 영상지도 이용	디지털 영상지도
살기 좋은 곳 만들기	순서도
시간 표현	기사
시간의 흐름	학급 시간표
연표	연표
연표 만들기	연표
오래된 물건	사진
오래된 자료	기사
지역의 모습	사진
지역 조사하기	계획서

3-2

교과서 주제	교과서 속 자료
저출산	그래프
고령화	그래프
지능정보화	사례
다양한 문화	사진
문화의 확산	그래프
문화 확산의 영향	기사
세시 풍속 ①	그림
세시 풍속 ②	그림
옛날 놀이	그림
옛날의 교통수단	사진
오늘날의 교통수단	그림
교통의 발달	사례
옛날의 통신수단	사진
오늘날의 통신수단	그림
통신수단의 발달	사례

학년별, 주제별로 **꼭!** 나오는
사진, 지도, 그래프 등의 핵심 자료로 구성!

어떤 자료를 배우는지
알아볼까?

4-1

교과서 주제	교과서 속 자료
지도	지도
방위	지도
기호와 범례	지도
축척	지도
등고선	지도
지역의 위치	지도
면적과 인구	지도
땅의 생김새	지도, 사진
기온과 강수량	그래프
국가유산	사진
지역의 국가유산	보고서
박물관, 기념관, 유적지	사진
경제활동	사례
생산과 소비	사례
경제 교류	기사

★★★ 4-2

교과서 주제	교과서 속 자료
민주주의	생각 그물
민주적 의사 결정	사례
주민 자치	사진
주민 자치 참여	기사
지역문제	SNS
지역문제 해결	순서도
지역 알리기	누리집
환경	사진
지역의 환경 ①	지도, 사진
지역의 환경 ②	지도, 사진
지역의 변화	지도, 사진
도시	사진
여러 도시 모습 ①	지도, 사진
여러 도시 모습 ②	지도, 사진
도시 문제	사례

어떻게 공부할까요?

첫째 날 교과서 자료 읽기

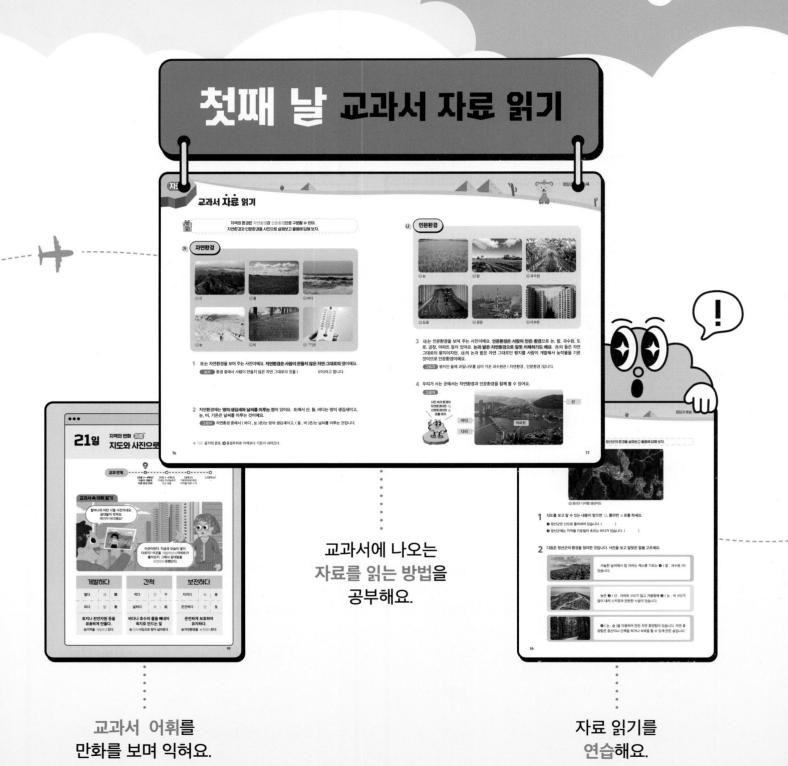

교과서에 나오는
자료를 읽는 방법을
공부해요.

교과서 어휘를
만화를 보며 익혀요.

자료 읽기를
연습해요.

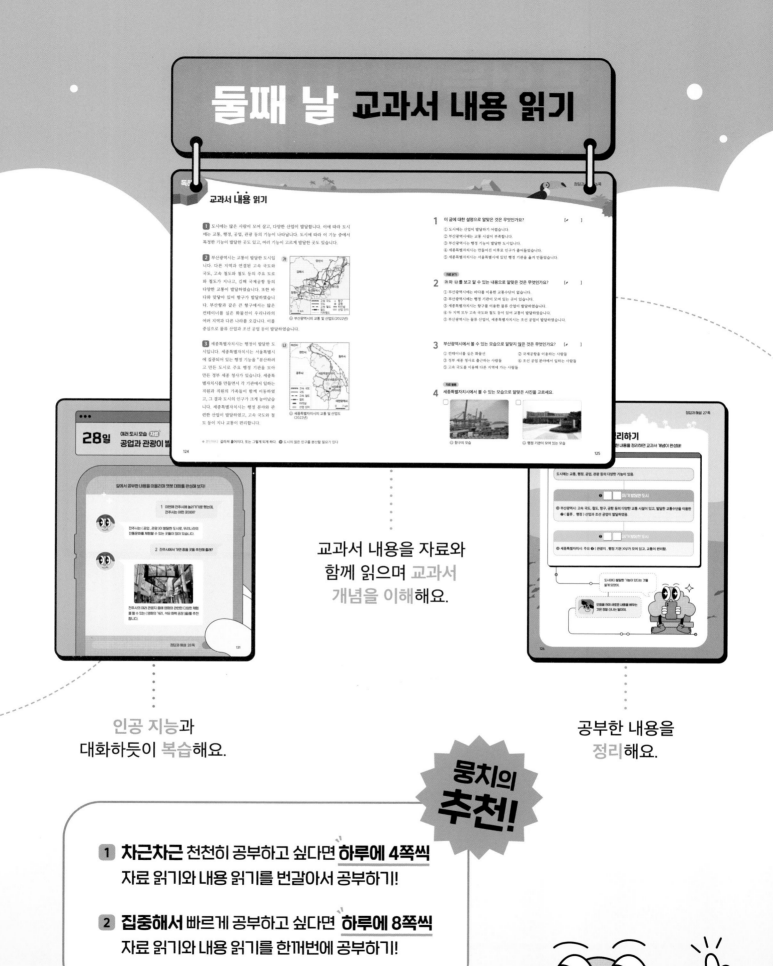

둘째 날 교과서 내용 읽기

교과서 내용을 자료와
함께 읽으며 교과서
개념을 이해해요.

인공 지능과
대화하듯이 복습해요.

공부한 내용을
정리해요.

뭉치의
추천!

1 **차근차근** 천천히 공부하고 싶다면 **하루에 4쪽씩**
자료 읽기와 내용 읽기를 번갈아서 공부하기!

2 **집중해서** 빠르게 공부하고 싶다면 **하루에 8쪽씩**
자료 읽기와 내용 읽기를 한꺼번에 공부하기!

무엇을 공부할까요?

눈이 녹지 않는 얼음 섬!

1 단원 | 민주주의와 자치

주제	일차	내용	쪽수	공부 확인
민주주의	1	자료 생각 그물로 정리하는 민주주의 사례	11	○
	2	독해 민주주의의 의미와 일상생활 속 민주주의	15	○
민주적 의사 결정	3	자료 사례로 이해하는 다수결의 원칙	19	○
	4	독해 민주적 의사 결정과 태도	23	○
주민 자치	5	자료 사진으로 보는 주민 자치	27	○
	6	독해 주민 자치의 의미와 중요성	31	○
주민 자치 참여	7	자료 기사로 보는 주민 자치 참여	35	○
	8	독해 주민 자치에 참여하는 바람직한 태도	39	○

먼 옛날에 용암으로 만들어진 화산 섬!

2 단원 | 지역문제를 해결하고 지역을 알리는 노력

주제	일차	내용	쪽수	공부 확인
지역문제	9	자료 사회 관계망 서비스(SNS)로 보는 지역문제	47	○
	10	독해 지역문제의 의미와 지역문제 사례	51	○
지역문제 해결	11	자료 순서도로 보는 지역문제 해결 과정	55	○
	12	독해 지역문제를 해결하는 과정	59	○
지역 알리기	13	자료 누리집에서 찾는 지역의 알릴 거리	63	○
	14	독해 지역을 알리려는 노력	67	○

모래바람이 부는 사막 섬!

3 단원 | 지역의 다양한 환경과 모습

주제	일차	내용	쪽수	공부 확인
환경	15	자료 사진으로 비교하는 자연환경과 인문환경	75	○○○
	16	독해 자연환경과 인문환경의 의미와 종류	79	○○○
지역의 환경	17	자료 지도와 사진으로 보는 지역의 환경 1	83	○○○
	18	독해 들과 산이 발달한 지역의 모습	87	○○○
지역의 환경	19	자료 지도와 사진으로 보는 지역의 환경 2	91	○○○
	20	독해 바다가 발달한 지역의 모습	95	○○○
지역의 변화	21	자료 지도와 사진으로 보는 지역의 변화	99	○○○
	22	독해 지역의 변화와 올바른 환경 이용	103	○○○

커다란 폭포가 흐르는 정글 섬!

4 단원 | 도시의 특징과 삶의 모습

주제	일차	내용	쪽수	공부 확인
도시	23	자료 사진으로 보는 도시의 특징과 삶	111	○○○
	24	독해 도시의 특징과 도시에서의 삶	115	○○○
여러 도시 모습	25	자료 지도와 사진으로 보는 도시의 모습 1	119	○○○
	26	독해 교통과 행정이 발달한 도시의 모습	123	○○○
여러 도시 모습	27	자료 지도와 사진으로 보는 도시의 모습 2	127	○○○
	28	독해 공업과 관광이 발달한 도시의 모습	131	○○○
도시 문제	29	자료 사례로 보는 도시 문제	135	○○○
	30	독해 도시 문제와 해결하려는 노력	139	○○○

정답과 해설도 있어!

1 단원
민주주의와 자치

주제 ①

▶ 민주주의

1일차 자료 | 11쪽

생각 그물로 정리하는
민주주의 사례

2일차 독해 | 15쪽

민주주의의 의미와
일상생활 속 민주주의

주제 ②

▶ 민주적 의사 결정

3일차 자료 | 19쪽

사례로 이해하는
다수결의 원칙

4일차 독해 | 23쪽

민주적 의사 결정과
태도

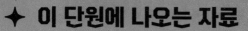

✦ 이 단원에 나오는 자료 | 생각 그물, 사례, 사진, 기사

주제 ③

▶ 주민 자치

5일차 자료 | 27쪽

사진으로 보는
주민 자치

6일차 독해 | 31쪽

주민 자치의
의미와 중요성

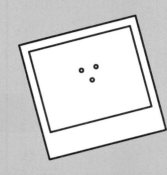

주제 ④

▶ 주민 자치 참여

7일차 자료 | 35쪽

기사로 보는
주민 자치 참여

8일차 독해 | 39쪽

주민 자치에 참여하는
바람직한 태도

▶ 뭉치

먼저 얼음 섬을 탐험해 볼까?
섬에 숨어 있는 다양한 자료를
함께 찾아보자!

단원 준비하기

이 단원에서는 사람들이 살아가는 모습을 담은 그림이나 사진에 대해 배울 거야.
다음 그림을 보고 내가 말한 사람들을 찾아 ○ 표시를 해 볼래?

❶ 풍선을 들고 가는 사람

❷ 반려견과 함께 산책을 하는 사람

❸ 가족의 모습을 사진으로 찍는 사람

❹ 토끼 귀 모양의 머리띠를 착용한 사람

정답:

내가 말한 사람을 모두 찾았네!
그림이나 사진이 나오면 사람들의 모습과
상황을 잘 살펴봐야 한다는 점을 기억해.

1일

민주주의 (자료)

생각 그물로 정리하는 민주주의 사례

교과 연계 - - - - - ⦿ - - - - - ○ - - - - - ○ - - - - - ○

[초등 3~4학년]
민주주의의 의미
학교 자치 사례

[초등 5~6학년]
-

[중학교]
정치와 민주주의

[고등학교]
민주주의 실천

교과서 속 어휘 알기

우리 반 청소 당번을
내 마음대로 정해야지!

그건 민주주의 사회에서 옳지
않아! 어떤 일을 정할 때는 서로
타협해야지.

민주주의		
백성	민	民
주인	주	主
주인	주	主
옳다	의	義

모든 사람이 공동의 일에
자유롭고 평등하게
참여하는 것

자치		
스스로	자	自
다스리다	치	治

자기 일을 스스로 다스림.

㉸ 학생 자치 기구를 만들었다.

타협		
온당하다	타	妥
돕다	협	協

어떤 일을 서로 양보하여
협의함.

㉸ 언니와 타협을 이루었다.

교과서 자료 읽기

학교와 지역 등 일상생활에서 공동의 일을 결정할 때 **민주주의의 모습**을 확인할 수 있어.
일상생활에서 나타나는 민주주의 모습을 정리한 생각 그물을 살펴보고 물음에 답해 보자.

㉠ 학급의 일 함께 의논하기

1 ㉠ 학생들이 **학급의 일을 정하는 데 함께 참여**하고 있어요. 이렇게 **의논한 내용으로 규칙을 정해요.**

예 학급 회의에서 교실 안전 수칙 정하기

㉡ 학교 행사를 계획하고 행사에 참여하기

과학의 날 행사 준비하기

학교

일상생활 속 민주주의

㉢ ◆투표에 참여하기

투표함

2 ㉡ 학생들이 학교 행사를 계획하고 있어요. **학교 행사에 적극적으로 참여**하는 것도 민주주의의 모습이에요.

예 체육 대회 응원 준비하기

(고르자) 학교에서 열리는 과학의 날 행사를 어떻게 진행할지 친구들과 이야기를 나누는 것은 민주주의의 모습이라고 할 수 없습니다. (○ , ×)

3 ㉢ 학생들이 **투표에 참여**하고 있어요. 투표에 참여하여 나의 의견을 표현하는 것도 민주주의의 모습이에요.

예 학급 회장을 뽑는 ◆선거에 참여하기

(쓰자) ( )에 참여하는 것은 나의 의견을 표현하는 방법입니다.

◆ 투표 투표용지에 의사를 표시하여 일정한 곳에 내는 일
◆ 선거 일정한 조직이나 집단에서 대표자를 뽑는 일

ㄹ 함께 의논하여 규칙 정하기

4 ㄹ 지역 주민들이 **지역 공동의 일을 함께 의논**하고 있어요. 이렇게 의논한 결과로 지역의 일을 결정해요.

예 지역의 쓰레기 문제 해결 방법 의논하기

고르자 지역 주민들은 주차 문제와 같은 지역 (개인 , 공동)의 일을 (함께 , 혼자) 의논합니다.

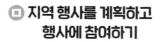

ㅁ 지역 행사를 계획하고 행사에 참여하기

지역

5 ㅁ 지역 주민들이 **지역 행사에 참여**하고 있어요. 지역 주민들은 행사에 참여하는 것뿐만 아니라 스스로 행사를 계획하기도 해요.

예 지역 문화 축제를 계획하고 참여하기

ㅂ 투표에 참여하기

이곳에 들어갈 알맞은 그림을 6에서 골라 보자.

6 ㅂ 지역 주민들은 **투표에 참여**해 지역의 일에 대한 자신의 의견을 나타내요.

예 지역을 대표하는 사람을 뽑는 선거에 참여하기

고르자

자료 더 읽기

 학생 자치회는 학생 스스로 학교의 일을 운영하려고 만든 학교 안의 모임으로, 학생 모두가 학교의 일에 참여할 수 있도록 해. 학생 자치회의 활동을 살펴보고 물음에 답해 보자.

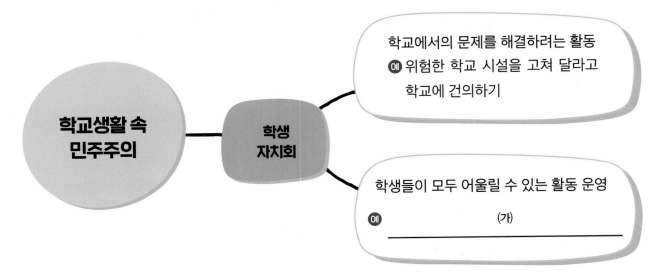

학교생활 속 민주주의 — **학생 자치회**

- 학교에서의 문제를 해결하려는 활동
  예 위험한 학교 시설을 고쳐 달라고 학교에 건의하기

- 학생들이 모두 어울릴 수 있는 활동 운영
  예 _____ (가)

1 학생 자치회에 대한 설명으로 알맞은 말을 쓰세요.

❶ ( )은/는 학생 스스로 학교의 일을 운영하려고 만든 모임입니다.

❷ 학생 자치회는 학생 모두가 ( )의 일에 참여할 수 있는 활동을 합니다.

2 생각 그물로 알 수 있는 내용이 맞으면 ○, 틀리면 × 표를 하세요.

❶ 학생 자치회는 민주주의의 모습이라고 할 수 있습니다. ( )

❷ 학생 자치회에서는 지역문제를 해결하려는 활동을 주로 합니다. ( )

❸ 학생 자치회에서는 일부 학생들만 어울릴 수 있는 활동을 합니다. ( )

3 ㈎에 들어갈 수 있는 내용을 모두 고르세요.

☐ 학교의 모든 학생이 참여할 수 있는 손 글씨 쓰기 행사 열기

☐ 달리기를 잘하는 일부 학생만 참여할 수 있는 달리기 대회 열기

☐ 지역 주민들이 컴퓨터를 배울 수 있는 동아리를 만들어 운영하기

☐ 전교생이 플라스틱 사용을 줄이는 방법을 체험할 수 있는 캠페인 진행하기

2일

민주주의 독해

민주주의의 의미와 일상생활 속 민주주의

앞에서 공부한 내용을 떠올리며 챗봇 대화를 완성해 보자!

1 학교에서 민주주의 모습을 찾을 수 있어?

☐ 네, 학교에서도 민주주의 모습이 나타납니다.

☐ 아니요, 민주주의 모습은 지역에서만 찾을 수 있습니다.

2 학교와 지역에서 나타나는 민주주의 모습을 그림과 함께 알려 줘.

학생과 주민들은 (투표 , 행사)에 참여하여 학교와 지역의 일에 대하여 자신의 (상상 , 의견)을 표현합니다.

정답과 해설 2쪽

교과서 내용 읽기

1 우리는 다양한 사람들과 함께 살아갑니다. 여러 사람이 함께 살아가다 보면 결정해야 할 공동의 일이나 문제가 생깁니다. 사람들은 공동의 일을 결정하거나 문제를 해결하는 과정에 참여할 수 있습니다. 이처럼 모든 사람이 ◆공동체를 이루는 구성원으로서 공동의 일을 결정하는 데 자유롭고 평등하게 참여하는 것을 민주주의라고 합니다.

2 우리는 일상생활 속에서 다양한 민주주의 모습을 확인할 수 있습니다. 먼저 학교에서 민주주의가 어떻게 이루어지고 있는지 살펴봅시다. 우리는 학급이나 학교의 규칙을 의논하여 함께 정하거나 학교 행사를 직접 계획하고 참여합니다. 또한 학급이나 학교의 일을 결정하는 투표에 참여하여 자신의 의견을 표현하기도 합니다. 이처럼 학교 구성원인 학생들이 학교의 일에 적극적으로 의견을 내고 공동의 일을 결정하여 실천해 나가는 것을 학교 자치라고 합니다.

3 학교에서 학생 스스로 학교의 일을 운영하고자 만든 모임인 학생 자치회도 민주주의의 모습입니다. 학생 자치회는 전교생이 학교의 일에 적극적으로 참여할 수 있는 활동을 합니다. 학생들이 ◆단합할 수 있는 활동을 운영하기도 하고, 학교의 일에 학생들의 의견을 듣고 이를 해결하기 위한 활동을 하기도 합니다.

4 학교뿐만 아니라 지역이나 나라의 일을 결정할 때도 많은 사람이 참여할 수 있습니다. 지역 주민들이 지역의 일을 의논하여 함께 결정하고, 지역 행사를 직접 계획하거나 지역 행사에 참여하기도 합니다. 또한 지역의 일을 결정하는 투표에 참여하여 자신의 의견을 표현하는 것도 민주주의의 모습이라고 할 수 있습니다.

◆ 공동체 생활을 같이 하는 집단
◆ 단합하다 많은 사람이 마음과 힘을 한데 뭉치다.

1 빈칸에 들어갈 알맞은 말을 각각 쓰세요.

> 민주주의는 모든 사람이 공동체를 이루는 구성원으로서 ❶ (   )의 일을 결정하는 데 자유롭고 평등하게 ❷ (   )하는 것입니다.

2 이 글에 대한 설명으로 알맞지 <u>않은</u> 것은 무엇인가요?　　　　　　　　　[✎　　　]

① 공동의 일을 사람들이 함께 결정할 수 있습니다.
② 학교와 지역에서 민주주의 모습을 확인할 수 있습니다.
③ 사람들은 지역이나 나라의 일을 결정할 때 참여할 수 있습니다.
④ 학교 자치는 학생들이 학교 공동의 일을 결정하는 것을 말합니다.
⑤ 학생 자치회는 지역 주민들이 지역의 일을 결정하기 위해 만든 것입니다.

자료 활용

3 다음은 일상생활에서의 민주주의 모습을 생각 그물로 정리한 것입니다. ❷~❹에서 빈칸에 들어갈 알맞은 말을 찾아 쓰세요.

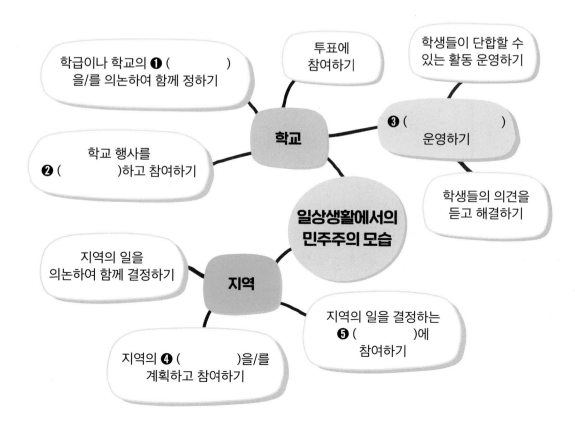

정리하기

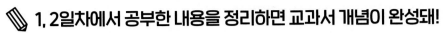

✏️ 1, 2일차에서 공부한 내용을 정리하면 교과서 개념이 완성돼!

❶ ☐☐☐☐ : 모든 사람이 공동체를 이루는 구성원으로서 공동의 일을 결정하는 데 자유롭고 평등하게 참여하는 것

학교에서의 민주주의 모습

• 학생들이 학교 구성원으로서 적극적으로 의견을 내고 공동의 일을 결정하는 ❷ ☐☐☐☐ 이/가 이루어짐.

• 학교나 학급의 규칙 의논하여 정하기, 학교 행사를 계획하고 참여하기, 투표에 참여하기 등

지역에서의 민주주의 모습

• 지역 주민은 ❸ ☐☐ 의 일을 결정하는 데 참여함.

• 지역의 일을 의논하여 정하기, 지역 행사를 계획하고 참여하기, 지역의 일을 정하는 투표에 참여하기 등

일상생활에서 민주주의를 실천하고 있었구나!

맞아. 우리도 민주주의의 의미를 기억하고 학교의 일에 적극적으로 참여하자!

3일

민주적 의사 결정 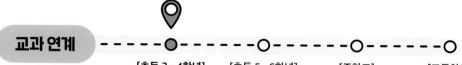 자료
사례로 이해하는 다수결의 원칙

교과 연계

[초등 3~4학년]
민주주의의 실천

[초등 5~6학년]
선거의 의미와 역할

[중학교]
민주주의의
이념과 원리

[고등학교]
-

교과서 속 어휘 알기

다수결에 따라서 이번 여행지는 바다로 정하였어.

소수의 의견도 중요하니 너의 생각을 말해 보렴.

우아! 신난다!

나는 다른 곳에 가고 싶었는데…….

의사 결정		
뜻	의	意
생각	사	思
결정하다	결	決
정하다	정	定

어떤 문제를 해결하기 위해 가장 적절한 대안을 선택하는 일

다수결		
많다	다	多
세다	수	數
결정하다	결	決

많은 사람의 의견에 따라 내용을 결정하는 일

 중요한 일을 다수결로 결정하였다.

소수		
적다	소	少
세다	수	數

적은 수

예 행사에 소수의 사람만 왔다.

교과서 **자료** 읽기

다수결의 원칙은 여러 사람의 의견에 따라 결정하는 의사 결정 방법이야.
학교생활에서 다수결의 원칙으로 의사를 결정한 사례를 살펴보며 물음에 답해 보자.

1 제시된 만화는 학교에서 학생들이 의사 결정을 하는 사례를 나타내고 있어요. 여러 사람이 모여 의사 결정을 할 때는 충분한 **대화와 토론**의 과정을 거쳐야 해요.

> **쓰자** 여러 사람이 모여 의사 결정을 할 때는 대화와 (   )의 과정을 거쳐야 합니다.

2 ㉠에서 회의 주제가 학급 활동을 결정하는 것임을 알 수 있어요.

3 ㉡ 학급 활동에 대한 의견이 서로 달라요. 이처럼 대화와 토론을 하더라도 **의견을 하나로 모으기 어려울** 수 있어요. ㉢ 대화와 토론으로 의견이 하나로 모이지 않자, **다수결의 원칙**에 따라 의사 결정을 하기로 하였어요.

> **쓰자** 의견이 하나로 모이지 않으면 많은 사람의 의견에 따라 결정하는 (   )의 원칙으로 의사를 결정할 수 있습니다.

4 ㉣ 투표 결과 구연동화를 하고 싶은 학생은 17명, 그림 그리기를 하고 싶은 학생은 8명이에요. 그래서 더 많은 표를 얻은 구연동화로 학급 활동을 하기로 결정하였어요.

> **고르자** 만약에 투표 결과가 구연동화를 하고 싶은 학생이 8명, 그림 그리기를 하고 싶은 학생이 17명 이라면, (구연동화 , 그림 그리기)를 학급 활동으로 결정합니다.

5 ㉤ 다수결의 원칙에 따라 구연동화를 하기로 결정했지만, 그림 그리기를 하고 싶은 학생들이 있어요. 이러한 경우 **소수의 의견도 존중해야** 해요.

> **고르자** 다수결의 원칙에 따라 의사를 결정할 때는 소수의 의견은 무시해도 됩니다. (○ , ×)

> **고르자**

㉥ 장면의 (가)에 들어갈 알맞은 말을 골라 보자.

☐ 다수가 구연동화를 하고 싶어 하니 너도 무조건 따라야 해!

☐ 구연동화를 할 때, 그림을 그려 동화책을 만들자는 의견을 내 보자.

자료 더 읽기

 대화와 토론으로 의견이 하나로 모이지 않을 때 다수결의 원칙에 따른다는 것을 알았지?
다수결의 원칙과 관련한 다른 사례도 살펴보고 물음에 답해 보자.

> 다수결의 원칙에 따라 이번 운동회에서 우리 반이 할 응원 방법은 (㉠)입니다.

'운동회 응원 방법 정하기' 투표 결과

노래하기	6명
율동하기	14명
응원 카드 만들기	5명

1 사례에 대한 설명이 맞으면 ○, 틀리면 × 표를 하세요.

❶ 운동회 응원 방법을 결정하는 내용입니다. (   )

❷ 응원 방법에 대해 한 가지 의견만 나왔습니다. (   )

❸ 여러 의견 중에서 '율동하기'는 소수의 의견입니다. (   )

2 ㉠에 들어갈 알맞은 내용을 고르세요.

☐ 노래하기   ☐ 율동하기   ☐ 응원 카드 만들기

3 사례를 보고 빈칸에 들어갈 알맞은 말을 쓰세요.

❶ (   )의 원칙에 따라 운동회 응원 방법을 결정하였습니다.

❷ '노래하기'와 '응원 카드 만들기'는 (   )의 의견입니다.

❸ 다수결의 원칙을 따를 때는 소수의 의견도 (   )해야 합니다.

4일

민주적 의사 결정 독해

민주적 의사 결정과 태도

앞에서 공부한 내용을 떠올리며 챗봇 대화를 완성해 보자!

1 다수결의 원칙이 뭐야?

☐ 대화로 의사를 결정하는 방법입니다.

☐ 많은 사람의 의견에 따라 의사를 결정하는 방법입니다.

2 우리 반에서 체험 학습 장소를 정하는 투표를 했는데, 박물관에 가고 싶은 학생은 19명, 미술관에 가고 싶은 학생은 6명이었어. 그럼, 체험 학습은 어디로 가는 것이 좋을까?

다수결의 원칙에 따르면, 체험 학습 장소를 (박물관 , 미술관)으로 정해야 합니다. 이때, (미술관 , 박물관)에 가고 싶다고 말한 소수의 의견도 (무시 , 존중)해야 합니다.

교과서 내용 읽기

1 우리가 살아가는 사회에는 함께 해결해야 할 다양한 문제가 있습니다. 이러한 문제를 해결하기 위해 가장 적절한 ◆대안을 찾는 것을 의사 결정이라고 합니다. 어떤 문제를 해결하고자 의사 결정을 할 때는 충분한 대화와 토론의 과정을 거쳐야 합니다. 대화와 토론을 하면 다양한 의견이 나오는데, 그 의견들의 장단점 등을 따져 보는 것이 중요합니다. 이때 서로 양보하고 협의하여 의견 차이를 좁히고 의견을 하나로 모아야 합니다.

2 그러나 충분한 대화와 토론으로도 의견이 하나로 모이지 않을 때가 있습니다. 이때는 다수결의 원칙을 따릅니다. 다수결의 원칙은 많은 사람의 의견에 따라서 내용을 결정하는 것입니다. 다수결의 원칙에 따르면, 많은 사람의 의견을 반영해 의사 결정을 할 수 있습니다. 그러나 다수의 의견이 항상 옳은 것은 아니며, 소수의 의견이 ◆합리적일 수도 있습니다. 따라서 다수의 의견으로 결정하더라도 소수의 의견도 존중해야 합니다.

3 이처럼 사람들의 다양한 생각과 의견을 존중하는 것은 민주주의의 기본이라고 할 수 있습니다. 민주주의를 실천하려면 먼저 공동의 일에 적극적으로 참여해야 합니다. 의견을 하나로 모을 때는 나와 다른 의견이나 생각을 존중하고 ◆포용하려는 관용의 자세와 의견이 옳은지 그른지를 따져 보는 비판적 태도를 지녀야 합니다. 그리고 서로 양보하고 협의하는 타협의 자세도 필요합니다. 마지막으로 민주적인 과정을 거쳐 결정된 일은 실천하려는 태도를 지녀야 합니다.

◆ 대안 어떤 일을 해결할 알맞은 방법
◆ 합리적 이론이나 이치에 꼭 알맞음. 예 그 물건을 산 것은 합리적인 선택이었다.
◆ 포용하다 남을 너그럽게 감싸 주거나 받아들이다.

1 이 글에 대한 설명으로 알맞은 것은 무엇인가요?   [   ]

① 의사 결정은 해결해야 할 문제를 찾는 것입니다.

② 대화와 토론만으로 의견 차이를 좁힐 수 있습니다.

③ 다수의 의견은 항상 옳으므로 소수의 의견을 무시합니다.

④ 민주주의의 기본은 소수의 의견만을 듣고 존중하는 것입니다.

⑤ 대화와 토론으로 의견이 하나로 모이지 않을 때는 다수결의 원칙을 따릅니다.

자료읽기

2 다음 사례를 읽고, 이에 대한 알맞은 설명을 **보기** 에서 모두 골라 기호를 쓰세요.
    [,   ]

> 4학년 2반에서 특별 활동 주제를 정하는 토론을 하였고, 로봇 만들기, 악기 배우기, 과학 실험하기를 하자는 의견이 나왔습니다. 학생들은 활동 주제를 정하기 위한 투표를 하였고, 투표 결과 로봇 만들기를 선택한 학생은 6명, 악기 배우기를 선택한 학생은 14명, 과학 실험하기를 선택한 학생은 5명이었습니다.

보기

㉠ 토론으로만 특별 활동 주제를 정하였습니다.

㉡ 다수결의 원칙에 따르면 특별 활동 주제는 과학 실험하기입니다.

㉢ 특별 활동 주제로 악기 배우기가 좋다는 의견이 가장 많았습니다.

㉣ 로봇 만들기는 소수의 학생이 선택하였지만, 그 의견도 존중해야 합니다.

3 민주주의를 실천하며 의견을 모을 때 필요한 자세와 그 의미를 선으로 연결하세요.

❶ 관용	•	•	㉮ 서로 양보하고 협의함.
❷ 타협	•	•	㉯ 의견이 옳은지 그른지를 따져 봄.
❸ 비판적 태도	•	•	㉰ 나와 다른 의견이나 생각을 존중하고 포용함.

정리하기

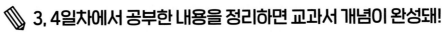

3, 4일차에서 공부한 내용을 정리하면 교과서 개념이 완성돼!

❶ ☐☐☐☐ : 문제를 해결하기 위해 가장 적절한 대안을 찾는 것

의사 결정 과정

• 충분한 대화와 토론 진행 → 다양한 의견 확인 → 의견을 하나로 모으기

• 의견이 하나로 모이지 않으면 ❷ ☐☐☐ 의 원칙으로 의사를 결정함.

• 소수의 의견도 ❸ (무시 , 존중)해야 함.

민주주의를 실천하는 태도

• 공동의 일에 적극적으로 참여해야 함.

• 관용, 비판적 태도, 타협의 자세로 의견 차이를 좁힘.

• 민주적으로 결정된 일을 ❹ ☐☐ 하려고 노력함.

의견을 모으고 의사를 결정하는
과정에서도 민주주의를 실천할 수 있어.

맞아. 민주주의를 실천하는 데
필요한 자세를 꼭 기억해.

5일

주민 자치 [자료]

사진으로 보는 주민 자치

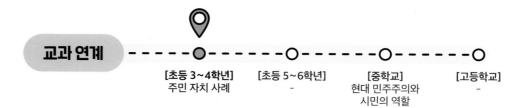

교과 연계

[초등 3~4학년]	[초등 5~6학년]	[중학교]	[고등학교]
주민 자치 사례	-	현대 민주주의와 시민의 역할	-

교과서 속 어휘 알기

주민들과 함께 지역의 화단을 꾸미는 일에 참여하니 좋네요.

행복동 화단

이것이 바로 주민 자치가 이루어진 것이죠.

총회

거느리다	총	總
모이다	회	會

구성원 모두가 모여서 어떤 일에 관하여 의논함.

⑩ 학교에서 총회를 열었다.

주민 자치

살다	주	住
백성	민	民
스스로	자	自
다스리다	치	治

지역의 주민들이 스스로 지역의 일을 결정하고 처리하는 것

⑩ 주민 자치가 이루어지다.

교과서 자료 읽기

 지역 주민들은 주민 자치 활동에 참여하며 지역을 더 살기 좋은 곳으로 만들려고 노력해.
주민 자치의 사례를 사진으로 살펴보고 물음에 답해 보자.

가

↑ 주민 총회에서 토론하는 모습

나

↑ 지역 축제에 참여하는 모습

다

↑ 지역의 시설물을 수리하는 모습

라

↑ ◆캠페인을 벌이고 있는 모습

◆ 캠페인 어떤 목적을 위하여 조직적이고 지속적으로 하는 운동 ⓔ 자연 보호 캠페인

1 가 는 지역 주민들이 **주민 총회를 열어 참여**하는 모습이에요. 주민 총회에서는 지역에 필요한 일을 제안하거나 지역문제를 해결하기 위한 방법을 논의해요.

> 고르자 지역 주민들은 주민 총회에서 (개인의 일 , 지역의 일)을 논의합니다.

2 나 는 **지역 축제에 참여하는** 모습이에요. 주민들은 지역 축제에 참여하여 서로 어울리고 단합할 수 있어요. 주민들은 지역 축제를 직접 열기도 해요.

> 고르자 • 지역 주민들은 지역 축제에 참여해 단합할 수 있습니다. (○ , ×)
> • 지역 주민들은 지역 축제를 직접 열 수 없고 참여만 할 수 있습니다. (○ , ×)

3 다 는 **지역의 시설물을 고치는 모습**이에요. 주민들은 지역 주민들의 생활에 필요한 시설물을 고쳐 달라고 하거나 새로운 시설물을 만들어 달라고 제안할 수 있어요.

> 고르자 주민들이 ＿＿＿＿＿＿＿＿＿＿＿＿＿＿＿를 제안하였습니다.
>
> ↓
>
> ☐ 우리 집 공기 청정기 수리
> ☐ 놀이터의 낡은 놀이기구 교체
> ☐ 길을 건널 수 있는 횡단보도 설치

밑줄에 들어갈 수 있는 내용을 모두 골라 보자.

4 라 는 지역의 안전을 지키고자 캠페인을 벌이는 모습이에요. 주민들은 **안전하고 살기 좋은 지역을 만들기 위해 다양한 캠페인 활동을 하기도** 해요.

> 고르자

라 의 사진 자료를 다른 사진으로 바꾸고 싶어. 알맞은 사진을 골라 줄래?

☐

☐

자료 더 읽기

 주민들이 지역 주민들을 위한 문화 및 체육 프로그램을 기획하고, 직접 참여하는 것도 주민 자치의 한 모습이야. 이러한 활동과 관련한 사진을 살펴보고 물음에 답해 보자.

(가)

⬆ 주민들이 기획한 프로그램 모습

1 사진에 대한 설명이 맞으면 ○, 틀리면 ✕ 표를 하세요.

❶ 지역 주민들을 위한 프로그램을 기획하는 것은 학교 자치의 한 모습입니다. (   )

❷ 주민들은 지역 주민들을 위한 문화 및 체육 프로그램을 만들고 직접 참여하기도 합니다. (   )

2 (가)에 들어갈 수 있는 현수막으로 가장 적절한 것을 고르세요.

☐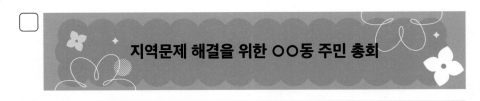
지역문제 해결을 위한 ○○동 주민 총회

☐ 지역 주민 누구나 참여할 수 있는 건강 프로그램!

☐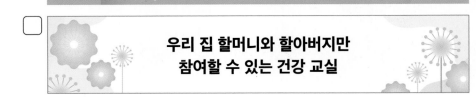
우리 집 할머니와 할아버지만
참여할 수 있는 건강 교실

6일 주민 자치 독해
주민 자치의 의미와 중요성

앞에서 공부한 내용을 떠올리며 챗봇 대화를 완성해 보자!

1 주민 자치가 무엇이야?

☐ 국가가 지역의 일을 결정하고 처리하는 것입니다.
☐ 지역 주민들이 지역의 일을 스스로 결정하고 처리하는 것입니다.

2 주민들과 어울리며 단합하고 싶은데 어떻게 하면 좋을까?

☐ 지역에 필요한 시설을 확인하고 그 시설을 만들어 달라고 제안합니다.
☐ 지역 축제를 직접 열거나 지역 축제에 참여하는 주민 자치 활동을 합니다.

3 지역문제를 주민들과 직접 해결하고 싶을 때는 어떻게 해야 해?

(주민 총회 , 학생 자치회)를 열어서 주민들과 의견을 나눕니다.

정답과 해설 6쪽

교과서 내용 읽기

1 우리가 사는 지역에는 많은 주민이 함께 살아갑니다. 주민은 일정한 지역 안에서 사는 사람들을 말합니다. 주민들은 지역의 일을 스스로 결정하고 처리하는데 이것을 주민 자치라고 합니다.

2 지역에서는 다양한 주민 자치의 모습을 확인할 수 있습니다. 주민들은 지역에 필요한 일을 제안하거나 지역의 일을 의논할 때 주민 총회를 엽니다. 지역 축제를 열어서 주민들이 함께 어울리며 단합하기도 합니다. 주민들이 사용하는 시설의 수리나 필요한 시설의 설치를 제안하는 것도 주민 자치의 모습입니다.

3 주민들은 지역 주민들에게 필요한 문화 및 체육 프로그램을 만들고, 프로그램에 직접 참여하기도 합니다. 지역에 있는 학생들을 위한 다양한 프로그램을 만들기도 합니다. 그리고 더 안전하고 깨끗한 지역을 만들기 위한 캠페인 활동을 하기도 합니다.

⬆ 지역 주민이 학생을 가르치는 모습

우리집 소화기 1개 경보기 1개는 생명을 9합니다
⬆ (㉠   )

4 지역의 일을 왜 지역 주민 스스로 결정하고 처리해야 할까요? 지역에서 일어나는 일은 지역마다 다르고, 지역 주민의 생활에 직접적으로 영향을 주기 때문입니다. 또한 지역에서 일어나는 일은 그 지역에 사는 주민들이 가장 잘 알기 때문에 지역 주민들이 참여하면 그 지역의 문제를 효과적으로 해결할 수 있습니다. 따라서 주민들은 지역문제에 관심을 가지고 주민 자치에 적극적으로 참여해야 합니다.

1 빈칸에 알맞은 말을 쓰세요.

> 주민들이 지역의 일을 스스로 결정하고 처리하는 것을 (   )(이)라고 합니다.

2 이 글에 대한 내용으로 알맞지 <u>않은</u> 것은 무엇인가요?　　　　[✎　　　]

① 주민들은 지역의 일을 스스로 결정할 수 있습니다.

② 주민들은 주민 총회를 열어 지역의 일을 의논합니다.

③ 주민들은 지역 주민과 학생들을 위한 프로그램을 만들기도 합니다.

④ 우리 집에 필요한 시설을 설치해 달라고 제안하는 것은 주민 자치입니다.

⑤ 주민들은 지역문제에 관심을 두고 지역의 일에 적극적으로 참여해야 합니다.

<u>자료 읽기</u>

3 ㉠에 들어갈 알맞은 내용은 무엇인가요?　　　　[✎　　　]

① 축제를 열어 주민들이 단합하는 모습

② 지역에 필요한 시설 설치를 제안하는 모습

③ 지역 주민을 위한 프로그램에 참여하는 모습

④ 주민 총회를 열어 지역의 일을 논의하는 모습

⑤ 지역의 안전을 지키기 위해 캠페인을 벌이는 모습

4 주민 자치가 필요한 까닭으로 알맞은 것을 <u>두 가지</u> 고르세요. [✎　　,　　]

① 지역마다 같은 문제가 일어나기 때문입니다.

② 지역문제는 나라에서 해결해 줄 수 없기 때문입니다.

③ 지역에 사는 주민들이 그 지역을 가장 잘 알기 때문입니다.

④ 지역문제는 주민들의 생활에 영향을 주지 않기 때문입니다.

⑤ 주민들이 참여하면 지역문제를 효과적으로 처리할 수 있기 때문입니다.

정리하기

 5, 6일차에서 공부한 내용을 정리하면 교과서 개념이 완성돼!

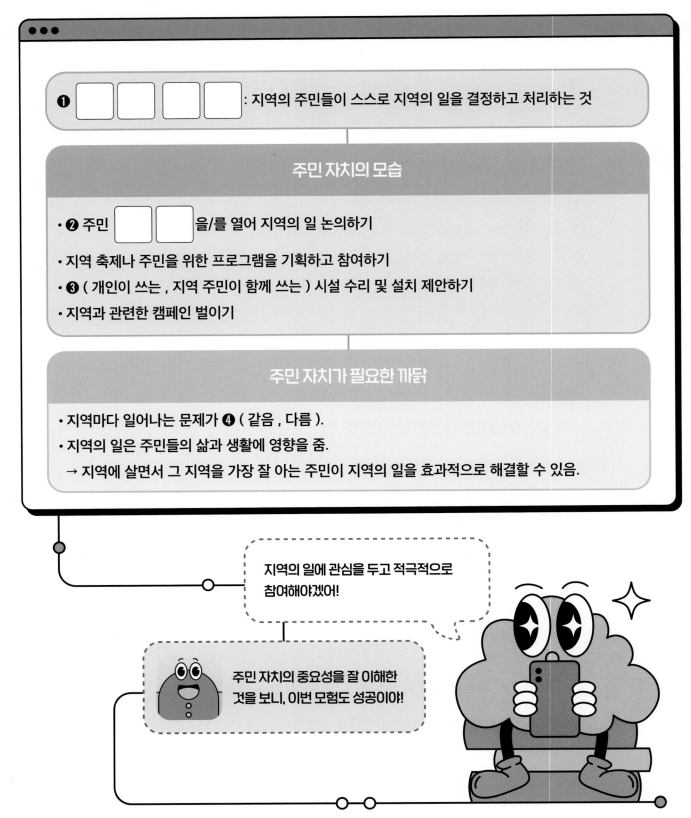

❶ ☐☐☐☐ : 지역의 주민들이 스스로 지역의 일을 결정하고 처리하는 것

주민 자치의 모습

- ❷ 주민 ☐☐ 을/를 열어 지역의 일 논의하기
- 지역 축제나 주민을 위한 프로그램을 기획하고 참여하기
- ❸ (개인이 쓰는 , 지역 주민이 함께 쓰는) 시설 수리 및 설치 제안하기
- 지역과 관련한 캠페인 벌이기

주민 자치가 필요한 까닭

- 지역마다 일어나는 문제가 ❹ (같음 , 다름).
- 지역의 일은 주민들의 삶과 생활에 영향을 줌.
  → 지역에 살면서 그 지역을 가장 잘 아는 주민이 지역의 일을 효과적으로 해결할 수 있음.

지역의 일에 관심을 두고 적극적으로 참여해야겠어!

주민 자치의 중요성을 잘 이해한 것을 보니, 이번 모험도 성공이야!

7일

주민 자치 참여 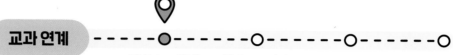 자료

기사로 보는 주민 자치 참여

교과 연계 - - - ● - - - ○ - - - ○ - - - ○

| [초등 3~4학년] 주민 참여와 지역사회 문제 해결 | [초등 5~6학년] – | [중학교] 지방 자치와 시민 참여 | [고등학교] – |

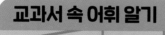

교과서 속 어휘 알기

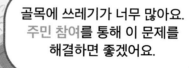

골목에 쓰레기가 너무 많아요. 주민 참여를 통해 이 문제를 해결하면 좋겠어요.

지역 공청회에서 이야기해 보면 어떨까요?

주민 참여

살다	주	住
백성	민	民
참여하다	참	參
더불어	여	與

지역의 일을 논의하거나 해결하는 과정에 주민이 중심이 되어 참여하는 것

예 지역 발전을 위해 주민 참여가 필요하다.

공청회

공평하다	공	公
듣다	청	聽
모이다	회	會

공공 기관에서 중요한 일에 대해 의견을 나누는 공개 모임

예 정부에서 공청회를 열었다.

교과서 **자료** 읽기

주민들이 지역문제를 해결하였거나 지역을 변화시켰다는 기사를 본 적이 있니?
주민 참여로 지역을 변화시킨 기사를 살펴보고 물음에 답해 보자.

○○신문   20△△년 △△월 △△일

㉠ 주민들이 함께 지킨 학교 앞 안전

↑ 학교 앞에 설치된 옐로 카펫

    ○○ 지역에 있는 초등학교 앞 횡단보도에 '옐로 카펫'이 설치되었다. 옐로 카펫은 노란색 삼각뿔 모양의 시설로, 어린이 보호 구역에 설치한다. ○○ 지역에 사는 주민은 주민 회의에서 초등학교 앞 횡단보도에 옐로 카펫을 설치하자고 제안하였다. 어린이들이 횡단보도를 건너기 전에 안전하게 기다리게 하기 위해서이다. 지역의 주민들은 ◆주민 참여 예산 제도를 활용해 옐로 카펫을 설치하였고 그 결과 ○○ 지역 초등학생들은 더욱 안전하게 횡단보도를 이용할 수 있게 되었다.

◆ 주민 참여 예산 제도 주민이 지역에서 사용할 예산을 정하는 과정에 직접 참여하는 제도

1 ㉠ 기사의 제목이에요. **제목을 보면, 기사의 전체 내용을 짐작할** 수 있어요. ㉡ 기사의 내용과 관련한 사진 자료예요. 사진이나 그래프 같은 **시각 자료를 보면 기사 내용을 더 쉽게 이해할 수 있어요.**

　고르자　기사의 제목을 보면, 주민들이 (축제를 열기 위해서 , 학생들의 안전을 위해서) 어떤 일을 하였다는 것을 짐작할 수 있습니다.

2 ㉢ 기사의 내용이에요. 이 부분에 기사에서 전하고자 하는 내용이 담겨져 있으므로, **어떤 일이 일어났는지, 그 일이 어떤 영향을 주었는지 등을 이해하며** 기사를 읽어요.

　고르자　• 기사는 학교 앞 횡단보도에 설치된 (신호등 , 옐로 카펫)에 대한 내용입니다.
　　　　　• 횡단보도에 옐로 카펫을 설치하자고 제안한 사람은 (지역 주민 , 공공 기관)입니다.
　　　　　• 지역 주민은 (경제적 이익 , 어린이의 안전)을 위해서 시설 설치를 제안하였습니다.
　　　　　• '옐로 카펫' 설치 후 지역 초등학생들은 더욱 안전하게 (횡단보도 , 마을버스)를 이용할 수 있게 되었습니다.

3 ㉢ 기사 내용을 모두 읽고, 기사의 중심 내용을 정리해 보는 것도 좋아요.

　쓰자　이 기사는 (　　　　　　)이/가 어린이들의 (　　　　　　)을/를 위해서 초등학교 앞 횡단보도에 '옐로 카펫' 설치를 제안하여, 시설이 설치되었다는 내용입니다.

4 기사를 보고 난 뒤에 느낀 점이나 알게 된 점을 생각해 볼 수 있어요.

　고르자

기사를 보고 느낀 점을 알맞게 말한 학생은 누구일까?

주민이 지역의 일에 관심을 가지고 행동하면 더 살기 좋은 지역이 될 수 있구나.

지역문제는 지역 대표만 해결할 수 있으니, 지역문제에 관심을 갖지 않아도 돼.

자료 더 읽기

 주민들은 다양한 지역의 일에 참여하여 지역문제를 해결하기도 해.
주민들의 적극적인 참여로 지역문제를 해결한 다른 기사를 살펴보고 물음에 답해 보자.

○○신문   20△△년 △△월 △△일

○○동 주민 자치회의 '재활용 정거장 사업'

⬆ 재활용 정거장 사업 모습

○○동 골목이 재활용 정거장 사업으로 깨끗해졌다. '재활용 정거장'은 쓰레기 분리배출을 전문으로 하는 전문가가 지역의 쓰레기 처리를 돕는 일이다. ○○동이 쓰레기 더미로 몸살을 앓자, 주민 자치회에서 재활용 정거장 사업을 진행하였고, 많은 주민이 재활용 정거장 사업에 적극적으로 의견을 내며, 사업을 시작하였다. _____(가)_____ 마을의 모습이 변화한 것이다.

---

1 기사에 대한 설명으로 알맞은 말을 고르세요.

❶ 기사의 (날짜 , 제목)을/를 보면, 기사의 내용을 짐작할 수 있습니다.

❷ 기사는 주민들이 (주민 자치 , 학생 자치)에 참여한 내용을 담고 있습니다.

2 기사에 대한 설명이 맞으면 ○, 틀리면 ✕ 표를 하세요.

❶ 주민들은 재활용 정거장 사업에 반대하였습니다. (   )

❷ 주민들은 지역의 쓰레기 문제 해결에 적극적으로 참여하였습니다. (   )

3 (가)에 들어갈 알맞은 내용을 고르세요.

☐ 일부 주민만 지역의 일에 참여하여

☐ 많은 주민이 지역의 일에 적극적으로 참여하여

8일

주민 자치 참여 독해

주민 자치에 참여하는 바람직한 태도

앞에서 공부한 내용을 떠올리며 챗봇 대화를 완성해 보자!

1 주민이 지역문제를 해결하는 일에 직접 참여할 수 있어?

☐ 네, 주민들은 지역의 일에 직접 참여하는 주민 자치로 지역문제 해결에 참여할 수 있습니다.

☐ 아니요, 주민들은 지역의 일을 잘 모르기 때문에 지역 문제 해결에 참여할 수 없습니다.

2 주민들이 주민 자치에 참여한 내용이 실린 기사를 찾아 줘.

주민들이 주민 자치에 참여한 내용이 실린 기사입니다. 제목을 누르면 기사를 볼 수 있습니다.

☐ 주민들이 운영하는 급식소, 어려운 이웃을 돕다

☐ 골목길 안전 문제, 이제 주민이 앞장서서 해결한다

☐ 대학생이 개발한 건강 애플리케이션(APP), 인기를 얻다

정답과 해설 8쪽

교과서 내용 읽기

1 지역에서 일어나는 일을 논의하거나 지역의 문제를 해결하는 과정에 주민이 중심이 되어 참여하는 것을 주민 참여라고 합니다. 주민들이 지역의 일에 적극적으로 참여할 때 주민 자치가 잘 이루어질 수 있습니다.

2 주민들은 다양한 방법으로 주민 자치에 참여하여 자신의 의견을 낼 수 있습니다. 먼저 공청회에 참여하여 자신의 의견을 전할 수 있습니다. 공청회는 공공 기관에서 중요한 일을 결정하기 전에 전문가, 주민 등 다양한 사람이 모여 의견을 나누는 공개회의를 말합니다. 공청회에 참석하면 전문가나 다른 사람의 의견을 들을 수 있고 자신의 의견도 제시할 수 있습니다. 또 지역의 중요한 일을 정하는 주민 투표에 참여할 수도 있습니다. 공공 기관 누리집이나 애플리케이션(APP)을 활용해 지역의 일과 관련하여 ◆민원을 신청하는 방법도 있습니다.

3 ◆서명 운동으로도 의견을 표현할 수 있습니다. 서명 운동은 지역의 일에 서명으로 찬성이나 반대의 의사를 밝히는 것입니다. ◆시민 단체 활동으로도 지역의 일에 의견을 낼 수 있습니다. 지역에는 환경, 교육, 안전 등과 관련한 시민 단체가 있는데, 주민은 자신이 관심을 두고 있는 분야에 맞는 시민 단체에 가입할 수 있습니다.

4 이처럼 주민이 지역의 일에 참여할 때는 다른 사람을 배려하고 존중하는 태도가 필요합니다. 의견 차이를 좁히는 과정은 대화와 타협으로 이루어져야 합니다. 또한 주민 모두에게 이익이 되는 것이 무엇인지 생각하며 주민들이 서로 협력하는 자세도 필요합니다. 무엇보다 지역에 일에 책임감을 가지고 적극적으로 참여하는 태도가 중요합니다.

◆ 민원 주민이 행정 기관에 원하는 바를 요구하는 일
◆ 서명 자기의 이름을 써넣는 것
◆ 시민 단체 시민들이 스스로 모여 사회 전체의 이익을 위해 활동하는 단체

1 주민 참여에 대한 설명으로 알맞은 것을 고르세요.

☐ 지역의 일을 논의하거나 해결하는 과정에 국가가 중심이 되는 것

☐ 지역의 일을 논의하거나 해결하는 과정에 주민이 중심이 되어 참여하는 것

2 다음 상황에 알맞은 주민 참여 방법은 무엇인가요? [✎]

학교 주변에서 공사를 해서 위험해. 안전 시설을 더 설치해 달라고 공공 기관 누리집에 글을 써야겠어.

① 민원 신청하기
② 공청회 참여하기
③ 주민 투표 참여하기
④ 서명 운동 참여하기
⑤ 시민 단체 활동하기

자료 읽기

3 다음은 주민 참여에 대한 기사입니다. 기사를 보고 알 수 있는 내용으로 알맞지 <u>않은</u> 것은 무엇인가요? [✎]

○○신문　　　　　　　　20△△년 △△월 △△일

주민들의 손으로 가꾼 아름다운 학교 담장

요즘 ○○ 초등학교 학생들은 등하교 시간에 학교 담장을 감상하며 즐거운 시간을 보내고 있다. 학교 담장이 글과 그림으로 아름답게 꾸며졌기 때문이다. 이 담장은 지역 주민들이 만든 것이다. 지역 주민이 학교 담장을 꾸미자는 의견을 내었고, 이를 주민 자치회가 공공 기관에 제안하였다. 이 제안이 받아들여지자 주민들과 시민 단체가 적극적으로 행동하였다. 이들은 서로 존중하고 협력하면서 직접 담장을 꾸몄고, 이렇게 만든 학교 담장은 지역의 자랑거리가 되었다.

① 주민들이 중심이 되어 지역의 일에 참여한 사례입니다.
② 시민 단체는 담장 꾸미는 일에 적극적으로 참여하였습니다.
③ 공공 기관에서 학교 담장을 꾸미자는 의견을 제안하였습니다.
④ 주민 참여로 지역의 모습이 더 나은 모습으로 변화하였습니다.
⑤ 주민들은 서로 존중하고 협력하는 주민 참여의 태도를 보여 주었습니다.

정리하기

 7, 8일차에서 공부한 내용을 정리하면 교과서 개념이 완성돼!

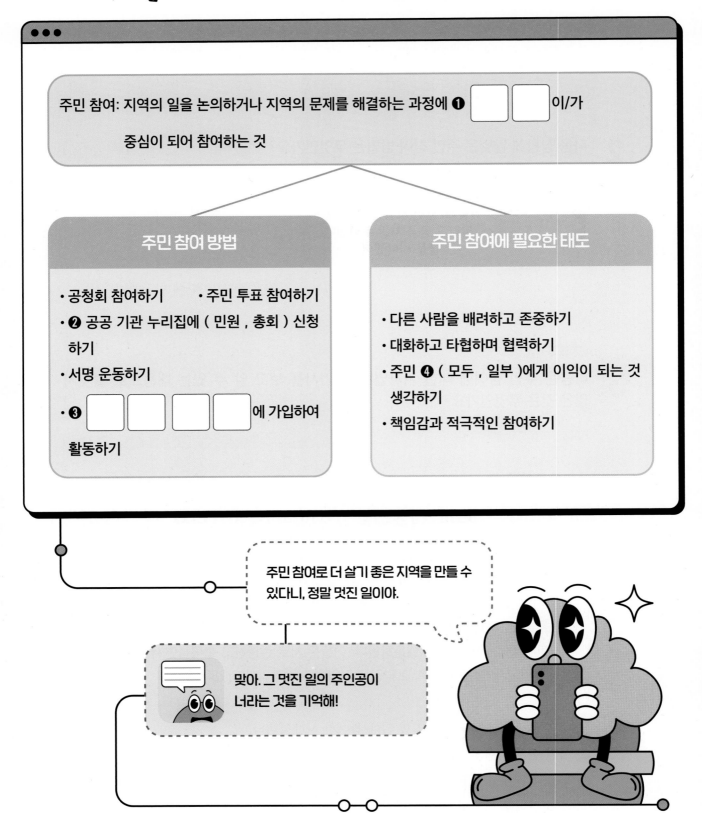

주민 참여: 지역의 일을 논의하거나 지역의 문제를 해결하는 과정에 ❶ ☐☐ 이/가 중심이 되어 참여하는 것

주민 참여 방법

- 공청회 참여하기   • 주민 투표 참여하기
- ❷ 공공 기관 누리집에 (민원 , 총회) 신청 하기
- 서명 운동하기
- ❸ ☐☐☐☐ 에 가입하여 활동하기

주민 참여에 필요한 태도

- 다른 사람을 배려하고 존중하기
- 대화하고 타협하며 협력하기
- 주민 ❹ (모두 , 일부)에게 이익이 되는 것 생각하기
- 책임감과 적극적인 참여하기

주민 참여로 더 살기 좋은 지역을 만들 수 있다니, 정말 멋진 일이야.

맞아. 그 멋진 일의 주인공이 너라는 것을 기억해!

도전! 어휘 퀴즈

섬을 모험하며 알게 된 어휘로 퀴즈를 풀어 보자!

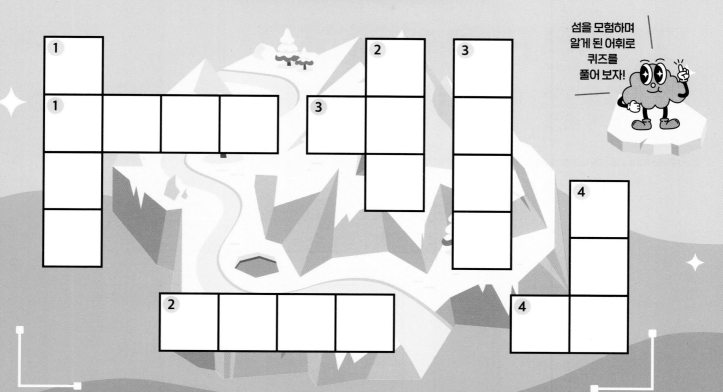

가로 퀴즈

- 가로① 모든 사람이 공동의 일에 자유롭고 평등하게 참여하는 것
- 가로② 어떤 문제를 해결하기 위해 가장 적절한 대안을 선택하는 일
- 가로③ 적은 수 예 ○○의 의견을 존중하다.
- 가로④ 구성원 모두가 모여서 어떤 일에 관하여 의논함. 예 주민 ○○

세로 퀴즈

- 세로① 시민들이 스스로 모여 사회 전체의 이익을 위해 활동하는 단체
- 세로② 많은 사람의 의견에 따라 내용을 결정하는 일
- 세로③ 지역의 주민들이 스스로 지역의 일을 결정하고 처리하는 것
- 세로④ 공공 기관에서 중요한 일에 대해 의견을 나누는 공개 모임

스스로 평가해요! 자신 있는 만큼 색칠해서 나의 공부력 을 확인해 보세요.

선생님께 학교에서 실천한 민주주의 사례를 말할 수 있나요?

친구에게 주민 자치의 의미와 중요성을 설명할 수 있나요?

부모님께 주민 자치에 참여하는 방법을 소개할 수 있나요?

2 단원
지역문제를 해결하고 지역을 알리는 노력

주제 ①

▶ 지역문제

9일차 자료 | 47쪽

사회 관계망 서비스(SNS)로 보는 지역문제

10일차 독해 | 51쪽

지역문제의 의미와 지역문제 사례

주제 ②

▶ 지역문제 해결

11일차 자료 | 55쪽

순서도로 보는 지역문제 해결 과정

12일차 독해 | 59쪽

지역문제를 해결하는 과정

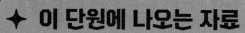

✦ 이 단원에 나오는 자료 | SNS, 순서도, 누리집

주제 ③

▶ 지역 알리기

13일차 자료 | 63쪽
누리집에서 찾는
지역의 알릴 거리

14일차 독해 | 67쪽
지역을 알리려는
노력

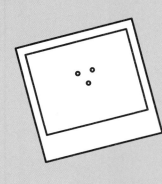

▶ 뭉치
이제 '불의 섬' 탐험 시작이야.
섬에 숨어 있는 다양한 자료를
함께 찾아보자!

단원 준비하기

이 단원에서는 자신의 생각이나 의견을 표현하고 알릴 수 있는
사회 관계망 서비스(SNS)에 대해 배울 거야.
나도 우리 지역의 음식점을 알리려고 해. 빈칸에 들어갈 내용을 골라 줄래?

 뭉치

우리 지역의 '맛나 분식'을 소개할게요.
이곳 떡볶이와 김밥은 텔레비전 프로그램에도 소개되었을
정도로 아주 유명해요.
'맛나 분식'은 가격도 싸고, (   )
우리 지역의 맛집으로 소문난 '맛나 분식'에 들러보세요.

#맛나 분식 #떡볶이 #김밥 #맛집

① 신선한 재료로 만들어 맛이 없어요.
② 신선한 재료로 만들어 건강에도 좋아요.
③ 신선한 재료로 만들어 건강에 좋지 않아요.

정답: ②

이제 많은 사람이 우리 지역의 맛집을
알게 되겠지?

9일

지역문제 자료
사회 관계망 서비스(SNS)로 보는 지역문제

교과 연계

| [초등 3~4학년] 주민 참여와 지역 사회 문제 해결 | [초등 5~6학년] 미디어 콘텐츠의 분석 | [중학교] 지방 자치와 시민 참여 | [고등학교] - |

교과서 속 어휘 알기

윗집의 시끄러운 소리때문에 아파트 주민 사이에 갈등이 일어나 크게 다투는 사건이 발생하였습니다.

지역문제가 심각해서 걱정이야.

뉴스

갈등

칡	갈	葛
등나무	등	藤

개인이나 집단 사이에서 생각이나 의견이 서로 달라 충돌하는 것

예 세대 간의 갈등이 심각하다.

지역문제

땅	지	地
구역	역	境
묻다	문	問
제목	제	題

지역 주민의 생활에 불편을 주거나 지역 주민들 사이에 갈등을 일으키는 문제

예 지역문제가 발생하고 있다.

교과서 자료 읽기

지역에는 시설 부족 문제, 교통 문제, 환경 문제, 안전 문제, ◆소음 문제 등 다양한
지역문제가 발생해. 사람들은 사회 관계망 서비스(SNS)로 이러한 지역문제를 알리기도 해.
사회 관계망 서비스(SNS)에 올린 지역문제를 보고 물음에 답해 보자.

가

행복 공원에 버려지는 쓰레기가 늘어나고 있습니다. 사람들이
쓰레기를 아무 데나 버리고 음식 쓰레기 ◆악취가 심해 공원
을 이용하는 주민들이 불편을 겪고 있습니다.

#공원 쓰레기 문제 #쓰레기 악취

1 가 는 지역문제를 알리기 위해 쓴 사회 관계망 서비스(SNS) 글이에요. 사회 관계망 서비스(SNS)는
알리려는 내용에 ㄱ과 같은 사진을 함께 보여 주어 보는 사람의 이해를 도와요. ㄴ은 알리고자
하는 내용이에요. 글을 잘 읽고 어떤 내용을 담고 있는지 파악해야 해요.

고르자 가 내용을 보면 쓰레기 문제로 주민들이 불편을 겪고 있다는 것을 알 수 있습니다. (○ , ✕)

2 ㄷ은 '해시태그'라고 해요. 해시태그는 글의 핵심 단어를 적고 그 앞에 '#' 기호를 붙여서 만들어요.

고르자 가 의 해시태그를 보면 글의 내용이 (교통 문제 , 환경 문제)와 관련이 있음을 알 수 있습니다.

◆ 소음 불규칙하게 뒤섞여 불쾌하고 시끄러운 소리　　　　◆ 악취 나쁜 냄새

나

지역의 도로가 망가진 지 며칠이 지났는데, 아직도 그 대로입니다. 망가진 도로를 이용하다가 사고가 날 수 있으니, 빨리 수리를 해야 할 것 같습니다.

#망가진 도로 #(   )

3 나 도 지역문제를 알리기 위해 쓴 사회 관계망 서비스(SNS) 글로, 내용과 관련한 사진이 있어요. 사진을 보면, 글쓴이가 알리고자 하는 내용이 무엇인지 예상해 볼 수 있어요.

고르자) 나 의 사진을 보면, 위 글이 (소음 문제 , 시설 문제)와 관련이 있음을 알 수 있습니다.

4 나 의 내용을 읽고, 해시태그를 보면 지역에서 일어나는 문제를 파악할 수 있어요.

고르자) • 글을 보고 도로가 망가져 위험하다는 것을 알게 되었습니다. (○ , ×)

• 글의 내용으로 망가진 도로가 수리되었다는 것을 알 수 있습니다. (○ , ×)

고르자) ☐ 환경 문제   ☐ 도로 안전 문제

나 의 빈칸에 들어갈 알맞은 해시태그를 골라 볼래?

자료 더 읽기

지역에서는 역사 및 문화와 관련한 문제가 일어나기도 해.
이러한 문제를 알리는 사회 관계망 서비스(SNS)를 살펴보고 물음에 답해 보자.

지난 산불로 우리 지역의 역사를 담은 국가유산이 ◆훼손
되었습니다. 훼손된 국가유산을 고치고 보호하려면 지역
주민들의 관심과 노력이 필요합니다.

#훼손된 국가유산 # _____ (가)

◆ 훼손되다 헐리거나 깨져 못 쓰게 되다.

1 사회 관계망 서비스(SNS)의 내용으로 알맞은 말을 고르세요.

❶ (지역문제 , 개인 문제)를 알리고자 쓴 글입니다.

❷ 국가유산이 훼손되는 것은 지역의 (안전 문제 , 역사 문제)와 관련이 있습니다.

2 사회 관계망 서비스(SNS)의 내용이 맞으면 ○, 틀리면 ✕ 표를 하세요.

❶ 지역에 있는 국가유산이 제대로 관리되고 있습니다. (   )

❷ 지역의 국가유산을 지키려면 주민들의 관심이 필요합니다. (   )

3 (가)에 들어갈 알맞은 해시태그를 고르세요.

☐ 자연환경 보호를 위한 노력 필요   ☐ 국가유산 보호를 위한 노력 필요

10일

지역문제 독해

지역문제의 의미와 지역문제 사례

앞에서 공부한 내용을 떠올리며 챗봇 대화를 완성해 보자!

1 지역문제가 심각하다고 하는데, '지역문제'가 뭐야?

- ☐ 학교에서 학생들의 생활에 불편을 주거나 학생들 사이에 갈등을 일으키는 문제입니다.
- ☐ 지역에서 지역 주민의 생활에 불편을 주거나 지역 주민들 사이에 갈등을 일으키는 문제입니다.

2 나도 사회 관계망 서비스(SNS)에 지역문제를 알리는 글을 써야겠어. 어떤 주제로 쓰면 좋을지 알려 줘.

지역의 (친구 문제 , 환경 문제)를 알리는 글을 쓸 수 있습니다.

사회 관계망 서비스(SNS)에 지역문제를 알리는 글을 쓸 때는 글의 핵심 단어를 적어 표시하는 (사진 , 해시태그)을/를 잘 정해야 합니다.

정답과 해설 10쪽

교과서 내용 읽기

1 지역에는 많은 사람이 모여 삽니다. 사람들이 함께 살면 좋은 점도 있지만, 여러 가지 문제가 발생해 불편을 겪기도 하고, 사람들 사이에 다툼이 일어나기도 합니다. 이처럼 지역 주민의 생활에 불편을 주거나 지역 주민들 사이에 갈등을 일으키는 문제를 지역문제라고 합니다. 지역문제는 지역의 환경과 특성에 따라 다르게 나타나기도 합니다.

↑ 안전 문제가 있는 도로

2 많은 사람이 모여 있는 지역에서는 시설이 부족하거나 이미 있는 시설이 낡아 사용할 수 없는 문제가 일어납니다. 자동차가 많아지면서 교통이 혼잡하고 주차 공간이 부족한 문제도 발생합니다. 도로가 망가져 안전 문제를 일으키기도 합니다.

3 지역의 환경을 개발하고 자원을 사용하면 지역이 발전할 수 있지만, 이에 따른 환경 문제가 발생하기도 합니다. 공장에서 나오는 ◆폐수로 하천이 오염되고, 자동차와 공장의 매연으로 공기가 오염됩니다. 또한 사람들이 모이면서 쓰레기 처리 문제가 일어나기도 합니다. 이러한 환경 문제는 지역 주민뿐만 아니라 동물과 식물에게도 나쁜 영향을 줍니다.

4 지역의 역사 및 문화와 관련한 지역문제도 있습니다. 새로운 시설을 지으려고 국가유산을 파괴하거나 전통문화가 사라지는 것도 지역문제입니다. 이처럼 지역에는 다양한 지역문제가 발생하지만, 주민마다 지역문제에 대한 생각이 달라서 사람들 사이에 갈등이 생기기도 합니다.

◆ 폐수 공장이나 광산 등지에서 쓰고 난 뒤에 버리는 물

1 지역문제에 대한 설명으로 알맞은 것은 무엇인가요? [✎   ]

① 지역마다 발생하는 지역문제는 모두 같습니다.

② 많은 사람이 모여 있는 지역에서는 교통 문제는 일어나지 않습니다.

③ 환경을 개발하고 자원을 사용하는 과정에서 문제가 발생하기도 합니다.

④ 전통문화가 지켜지지 않고 사라지는 것은 지역문제라고 볼 수 없습니다.

⑤ 모든 주민이 지역문제에 대한 생각이 같아 사람들 사이에 갈등이 일어나지 않습니다.

2 지역문제 사례가 <u>아닌</u> 것은 무엇인가요? [✎   ]

① 지역에 필요한 시설이 부족한 것

② 공장의 폐수로 하천이 오염되는 것

③ 자동차를 주차할 공간이 부족한 것

④ 지역을 개발해 지역을 발전시키는 것

⑤ 새로운 건물을 지으려고 국가유산을 훼손하는 것

자료 활용

3 다음은 **2**의 내용과 관련한 사회 관계망 서비스(SNS) 글입니다. 알맞은 내용을 **두 가지** 고르세요. [✎   ,   ]

① 우리 지역 사람들은 횡단보도를 이용하지 않습니다. ② 횡단보도를 표시하는 색칠이 벗겨져 알아보기 어렵습니다. ③ 이러한 문제는 환경 문제와 관련된 것입니다.

④ #역사 문제 ⑤ #횡단보도 안전

정리하기

 9, 10일차에서 공부한 내용을 정리하면 교과서 개념이 완성돼!

❶ ☐☐☐☐ : 지역 주민의 생활에 불편을 주거나 지역 주민들 사이에 갈등을 일으키는 문제

지역문제 사례

• 많은 사람이 모여 살면서 안전 문제, 소음 문제, 시설 문제, 교통 문제 등이 발생함.

• 지역을 개발하는 과정에서 환경이 오염되는 ❷ ☐☐ 문제가 발생함.

• 지역의 국가유산이 훼손되거나 전통문화가 사라지는 역사 및 문화와 관련한 문제가 발생함.

지역문제는 지역의 환경과 특성에 따라 ❸ (같게 , 다르게)나타나기도 함.

다양한 지역문제가 발생하고 있네.
지역문제는 우리 생활에
많은 영향을 줄 것 같아.

맞아. 그래서 지역문제에 관심을
가지는 것이 중요한 거야.

11일

지역문제 해결 [자료]

순서도로 보는 지역문제 해결 과정

교과 연계

[초등 3~4학년]	[초등 5~6학년]	[중학교]	[고등학교]
주민 참여와 지역 사회 문제 해결	–	지방 자치와 시민 참여	–

교과서 속 어휘 알기

발생하다			원인			방안		
일어나다	발	發	근본	원	原	방향	방	方
태어나다	생	生	말미암다	인	因	생각	안	案

발생하다
어떤 일이나 사물이 생겨나다.
예 사고가 발생하였다.

원인
어떤 변화를 일으킨 근본적인 일이나 사건
예 전염병의 원인을 밝혔다.

방안
일을 처리하거나 해결해 나갈 방법이나 계획
예 문제의 해결 방안을 찾다.

교과서 자료 읽기

 지역 주민들이 지역문제에 관심을 가지고 적극적으로 노력한다면, 지역문제를 해결할 수 있어.
지역문제의 해결 과정을 순서도로 살펴보고 물음에 답해 보자.

| ㉠ 지역문제 확인하기 | 관찰하기, 면담하기, 뉴스나 신문 살펴보기, 인터넷 조사하기 등의 방법으로 지역문제를 확인함. |

↓

| ㉡ 지역문제의 발생 배경과 원인 파악하기 | 수집한 자료를 ◆분석하여 지역문제의 발생 원인을 파악함. |

↓

| ㉢ 지역문제와 관련된 사실과 가치 구분하기 | 지역문제와 관련된 사실과 가치를 구분하며 다양한 입장과 여러 사람의 의견을 이해함. |

↓

| ㉣ 지역문제의 해결 방안 ◆탐색하기 | 지역 주민들이 모여 다양한 의견을 나누며 해결 방법을 찾음. |

↓

| ㉤ 지역문제의 해결 방안 결정하기 | 대화와 타협, 다수결의 원칙에 따라 가장 합리적인 해결 방안을 결정함. |

↓

| ㉥ 지역문제의 해결 방안 실천하기 | 결정한 해결 방안을 평가하고 ◆보완하며 실천함. |

◆ 분석하다 얽혀 있거나 복잡한 것을 풀어서 개별적으로 나누다.
◆ 탐색하다 사라지거나 드러나지 않는 현상 등을 자세히 살펴서 찾다.
◆ 보완하다 모자라거나 부족한 것을 보충하여 완전하게 하다.

1 ㉠ 가장 먼저 **지역에서 발생하는 문제를 알아야** 해요. 지역에서 발생하는 문제는 주변을 직접 둘러보거나 지역 주민을 만나서 의견을 여쭤볼 수 있어요. 지역 소식을 알려주는 뉴스나 신문, 도청·시청·군청·구청 등과 같은 공공 기관 누리집의 민원 게시판 등에서도 찾을 수 있어요.

고르자

우리 지역의 문제를 확인하는 방법이 <u>아닌</u> 것에 ○ 표를 해 보자.

| 직접 관찰하기 | 다른 지역 주민 면담하기 | 구청 누리집에서 찾아보기 |

2 ㉡ ㉠에서 확인한 지역문제의 **발생 배경과 원인**을 찾아야 해요. 이때, 문제의 원인을 마음대로 짐작하지 않고, **수집한 자료를 바탕으로 찾아요.** ㉢ 같은 지역문제라도 사람마다 입장이 다를 수 있으니, 지역문제에 대한 사실과 가치를 잘 구분해야 해요. **사실은 실제로 일어난 일이고, 가치는 어떤 일에 대해 중요하게 생각하는 부분**이에요.

㉮ • 아파트 층간 소음 문제가 발생하고 있습니다. (사실)
  • 시끄러운 소리로 고통받는 사람이 있으므로 층간 소음을 줄여야 합니다. (가치)

고르자 • 공원에 쓰레기가 많습니다. (사실 , 가치)
  • 사람들이 공원에 쓰레기를 버리지 못하도록 공원 시설 사용을 제한해야 합니다. (사실 , 가치)

3 ㉣ **지역 주민들이 함께 지역문제의 해결 방안을 찾아야** 해요. 주민들은 다양한 의견이 낼 수 있어요. ㉤ 여러 의견 중에서 가장 합리적인 해결 방안을 결정해야 해요. 이때는 **대화와 타협, 다수결의 원칙 등 민주적인 절차**에 따라요.

고르자 지역문제의 해결 방안을 결정할 때는 민주적인 절차에 따라 가장 합리적인 해결 방안을 찾아야 합니다. (○ , ✕)

4 ㉥ 지역문제의 해결 방안을 결정하였다고 해서 끝이 아니에요. 해결 방안이 지역문제를 해결하는데 알맞은지 **평가하고**, 부족한 부분이 있으면 **보완해서 수정해야** 해요. 무엇보다 지역 주민들이 함께 정한 해결 방안을 **실천하는** 것이 중요해요.

고르자 지역 주민들이 결정한 지역문제의 해결 방안은 수정할 수 없습니다. (○ , ✕)

자료 더 읽기

> 지역문제를 해결하려면 지역에서 일어나고 있는 문제가 무엇인지 확인해야 해.
> 지역문제를 어떻게 확인할 수 있는지 알아보고 물음에 답해 보자.

지역문제를 확인하는 방법

↑ 관찰하기

음식 쓰레기로 인해 악취가 심해요.

↑ 지역 주민을 만나 면담하기

지역이 쓰레기로 몸살을 앓고 있습니다.

↑ 뉴스나 신문 살펴보기

민원 게시판에 쓰레기를 치워 달라는 내용이 많아.

↑ 인터넷 조사하기

1 다음 설명이 맞으면 ○, 틀리면 ✕ 표를 하세요.

❶ 지역문제는 뉴스를 통해서만 확인할 수 있습니다. (   )

❷ 관찰하기는 지역 주민을 만나 이야기를 듣는 방법입니다. (   )

❸ 관찰하기, 면담하기, 뉴스나 신문 살펴보기, 인터넷 조사하기 등의 방법으로 지역문제를 확인할 수 있습니다.

(   )

2 그림에서 공통으로 나타난 지역문제를 고르세요.

☐ 지역의 소음 문제   ☐ 지역의 교통 문제   ☐ 지역의 쓰레기 문제

12일 지역문제 해결 독해
지역문제를 해결하는 과정

앞에서 공부한 내용을 떠올리며 챗봇 대화를 완성해 보자!

1 지역문제를 어떻게 해결하면 좋을까?

지역문제를 해결하려면 여러 과정을 거쳐야 합니다.
지역문제를 해결하기 위한 과정을 순서대로 쓰면

(　　－　　－　　－　　－　　－　　)입니다.

> ㉠ 지역문제 확인하기
> ㉡ 지역문제의 해결 방안 결정하기
> ㉢ 지역문제의 해결 방안 실천하기
> ㉣ 지역문제의 해결 방안 탐색하기
> ㉤ 지역문제의 발생 배경과 원인 파악하기
> ㉥ 지역문제와 관련된 사실과 가치 구분하기

2 지역문제를 해결하려면, 가장 먼저 지역문제를 확인해야 하는구나. 지역문제를 확인하는 방법을 모두 알려 줘.

다음의 방법으로 지역문제를 확인할 수 있습니다.

☐ 관찰하기　　　☐ 상상하기　　　☐ 면담하기
☐ 뉴스 살펴보기　☐ 인터넷 조사하기

정답과 해설 12쪽

교과서 내용 읽기

1 지역문제를 해결하면 더 살기 좋은 지역을 만들 수 있습니다. 따라서 주민들은 지역문제를 해결하고자 노력해야 합니다. 지역문제를 해결하려면, 가장 먼저 지역에서 발생하는 문제가 무엇인지 확인해야 합니다. 관찰하기, 면담하기, 뉴스나 신문 살펴보기, 인터넷 조사하기 등의 방법으로 지역문제를 확인할 수 있습니다.

2 지역문제를 확인한 다음에는 문제가 일어난 배경과 원인을 파악해야 합니다. 문제의 원인을 정확하게 파악해야 그에 알맞은 해결 방안을 찾을 수 있기 때문입니다. 다음으로 지역문제와 관련된 사실과 가치를 구분합니다. 사실은 실제로 일어난 일이고 가치는 어떤 일에 대해서 중요하다고 생각하는 부분으로, 사람마다 가치가 다를 수 있습니다.

3 다음으로 문제 해결 방안을 찾아야 합니다. 이때 지역 주민들이 모여 다양한 의견을 나누며 해결 방안을 탐색합니다. 그리고 해결 방안들의 장점과 단점, 보완할 점이 무엇인지 따져 보면서 합리적인 방안으로 결정합니다. 예를 들어 등하굣길 도로 안전 문제의 해결 방안을 탐색하여 다음과 같이 정리해 볼 수 있습니다.

가

구분	☐ 해결 방안 1 옐로 카펫 설치하기	☐ 해결 방안 2 안전 도우미 활용하기
장점	자동차 운전자에게 학교 앞이라는 것을 잘 알릴 수 있다.	학생들의 안전에 직접 도움을 줄 수 있다.
단점	옐로 카펫을 설치하는 데 비용이 들고 시간이 걸린다.	등교와 하교 시간에 맞춰서 안전 도우미를 구하기 어렵다.
보완할 점	자동차 운전자가 학교 앞에서 조심할 수 있도록 관련 캠페인 및 교육이 필요하다.	지역 주민들이 안전 도우미 역할을 할 수 있도록 봉사 활동 제도를 만들어야 한다.

4 민주적인 방법으로 해결 방안을 정하였다면 이를 적극적으로 실천해야 합니다. 그리고 또 다른 문제가 발생하지 않도록 결정한 방안을 평가하고 보완해 나가야 합니다. 이러한 노력으로 지역문제를 해결해 나갈 수 있습니다.

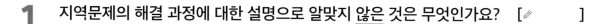

1 지역문제의 해결 과정에 대한 설명으로 알맞지 <u>않은</u> 것은 무엇인가요? [✎   ]

① 가장 먼저 지역문제를 확인합니다.

② 지역문제의 원인을 정확하게 파악해야 합니다.

③ 지역문제에 관한 내용을 사실과 가치로 구분해야 합니다.

④ 해결 방안의 장점과 단점, 보완할 점 등을 살펴보아야 합니다.

⑤ 지역문제의 해결 방안이 정해지면 평가하거나 보완하지 않고 실천합니다.

2 다음 설명에 해당하는 지역문제 해결 과정은 무엇인가요? [✎   ]

> 주변을 둘러보면서 어떤 지역문제가 있는지 관찰하고, 그 문제에 대해서 지역 주민과 면담을 하였습니다.

① 지역문제 확인하기   ② 지역문제의 발생 원인 파악하기

③ 지역문제의 해결 방안 탐색하기   ④ 지역문제의 해결 방안 결정하기

⑤ 지역문제의 해결 방안 실천하기

3 다음은 지역의 쓰레기 문제에 대한 내용입니다. 그 내용이 사실이면 '사실', 가치이면 '가치'라고 쓰세요.

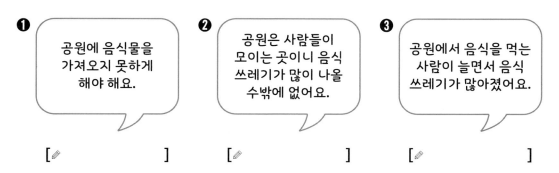

❶ 공원에 음식물을 가져오지 못하게 해야 해요.

❷ 공원은 사람들이 모이는 곳이니 음식 쓰레기가 많이 나올 수밖에 없어요.

❸ 공원에서 음식을 먹는 사람이 늘면서 음식 쓰레기가 많아졌어요.

[✎   ]   [✎   ]   [✎   ]

`자료읽기`

4 다음은 가 를 보고 주민들이 정한 방안입니다. 내용을 보고 어떤 해결 방안으로 결정하였는지 표에서 골라 V 표를 하세요.

> 등하굣길 안전 문제는 빠르게 해결해야 하고, 학생들에게 직접 도움을 줄 수 있어야 합니다. 이에 등하굣길 안전을 위한 봉사 활동 지원자를 모집하겠습니다.

정리하기

✏️ 11, 12일차에서 공부한 내용을 정리하면 교과서 개념이 완성돼!

지역문제를 해결하는 과정

지역문제 ❶ (해결하기 , 확인하기).

⬇️

지역문제의 발생 배경과 ❷ ☐ ☐ 파악하기

⬇️

지역문제와 관련된 사실과 ❸ ☐ ☐ 구분하기

⬇️

지역문제의 해결 방안 탐색하기

⬇️

지역문제의 해결 방안 결정하기

⬇️

지역문제의 해결 방안을 ❹ (실천하고 , 논의하고) 보완하기

나도 이 과정에 따라 지역문제를 해결하는 일에 참여해 볼래!

지역문제를 직접 해결하려는 마음가짐이 정말 멋진걸!

13일

지역 알리기 자료
누리집에서 찾는 지역의 알릴 거리

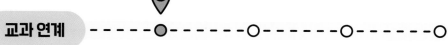

교과 연계

[초등 3~4학년]
주민 참여와 지역사회
문제 해결

[초등 5~6학년]
–

[중학교]
지방 자치와
시민 참여

[고등학교]
–

교과서 속 어휘 알기

지역 축제에 가서 받은 인형이야. 이 모양이 지역의 상징물이래.

고구마 모양이네! 상징물을 보니, 그 지역의 대표적인 생산물이 무엇인지 바로 알겠는걸.

상징물		
모양	상	象
부르다	징	徵
물건	물	物

어떤 사실이나 생각 등을
구체적으로 나타낸 물체

예 소나무는 우리 학교의 상징물이다.

생산물		
만들다	생	生
낳다	산	産
물건	물	物

인간이 생활하는 데 필요하여
만들어진 물건

예 사과는 우리 지역의 주요 생산물이다.

교과서 자료 읽기

> 지역문제를 해결하는 것만큼 우리 지역을 알리는 것도 중요해.
> 지역의 누리집을 검색하면 지역의 알릴 거리를 찾을 수 있어.
> 공주시청 누리집에서 지역의 알릴 거리를 찾아보며 물음에 답해 보자.

가

나

⬇

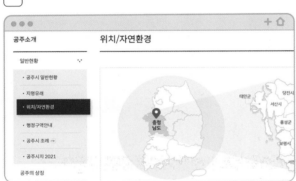

⬆ 지역의 위치와 자연환경

⬆ 지역의 ◆관광지

⬆ 지역의 상징물

⬆ 지역의 축제

◆ **관광지** 구경할 거리가 있어 관광할 만한 곳

1 가 는 공주시청 누리집이에요. ㉠ '공주 소개'에 들어가면 **자연환경, 인구, 상징물** 등 지역의 알릴 거리를 확인할 수 있어요.

고르자

다음은 ○○시청 누리집이야. 지역의 알릴 거리를 살펴보려면 어디로 들어가면 좋을지 골라 보자.

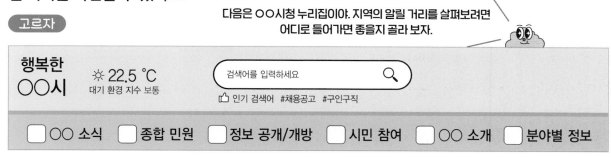

행복한
○○시

☀ 22.5 ℃
대기 환경 지수 보통

검색어를 입력하세요 🔍

👍 인기 검색어 #채용공고 #구인구직

☐ ○○ 소식 ☐ 종합 민원 ☐ 정보 공개/개방 ☐ 시민 참여 ☐ ○○ 소개 ☐ 분야별 정보

2 나 는 공주시의 문화와 관광을 소개하는 곳이에요. 지역의 누리집마다 차이가 있지만, '○○ 관광' 또는 '○○ 문화 관광'이라고 적힌 곳에서 지역의 **역사, 주요 관광지, 문화 행사 및 축제** 등의 알릴 거리를 확인할 수 있어요.

고르자 지역의 역사, 관광지, 축제 등은 지역의 알릴 거리입니다. (○ , ×)

고르자

공주시에는 가볼 만한 곳이 많이 있습니다. 먼저 계룡산은 아름다운 모습을 자랑합니다. 옛날 왕의 무덤인 공주무령왕릉도 역사적으로 중요한 장소입니다. 아주 오래 전에 사람이 살았던 흔적이 있는 석장리도 유명한 관광 장소입니다.

왼쪽 누리집에서 이 정보를 찾을 수 있는 누리집 공간을 골라 V 표를 하자.

3 지역 누리집에서 알릴 거리를 살펴보면, 지역의 역사와 문화, 주변의 환경, 주로 생산하는 것 등을 알 수 있어요. 이러한 내용으로 **지역의 특성을 이해할 수 있어요.**

쓰자 지역의 알릴 거리를 살펴보면, 지역의 (   )을/를 이해할 수 있습니다.

자료 더 읽기

이번에는 경주시청 누리집을 살펴보고 물음에 답해 보자.

⬆ 지역의 상징물

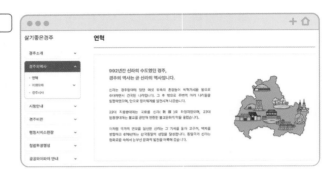

⬆ 지역의 역사

⬆ 지역의 국가유산

⬆ 지역의 관광지

1 자료에 대한 설명으로 알맞은 말을 고르세요.

❶ (지역 , 학교)의 누리집에 들어가면 지역의 알릴 거리를 살펴볼 수 있습니다.

❷ 지역의 상징물, 역사, 국가유산 등을 살펴보면 지역의 (문제 , 특성)을/를 이해할 수 있습니다.

2 경주시청 누리집에서 알 수 있는 내용이 맞으면 ○, 틀리면 × 표를 하세요.

❶ 경주시청 누리집에서는 경주시의 역사에 대해 알 수 없습니다. (   )

❷ 경주시청 누리집에서는 경주시의 관광지만 알리려고 노력합니다. (   )

3 다음은 경주시청 누리집에서 찾은 내용입니다. 이 내용을 찾을 수 있는 곳을 위에서 골라 ∨ 표를 하세요.

경주시를 상징하는 것은 여러 가지입니다. 그 중에 경주시에서 잘 자라는 개나리는 경주시의 발전을 나타냅니다. 또한, 소나무는 시민의 정신을 상징합니다.

14일

지역 알리기 독해

지역을 알리려는 노력

앞에서 공부한 내용을 떠올리며 챗봇 대화를 완성해 보자!

1 나는 전라남도 보성군에 사는데, 우리 지역의 알릴 거리를 찾으려면 어떻게 해야 해?

☐ 보성군청 누리집에 방문합니다.
☐ 보성군 우체국 누리집에 방문합니다.

2 누리집에 들어갔는데, '참여 민원', '정보 공개', '보성 소개'라는 곳이 있어. 어디로 들어가야 해?

('참여 민원' , '정보 공개' , '보성 소개') 공간에서 보성군의 알릴 거리를 확인할 수 있습니다.

누리집에서 지역의 자연환경, 역사, 관광지 등의 알릴 거리를 찾아보면 지역의 (   )을/를 이해할 수 있습니다.

정답과 해설 14쪽

교과서 내용 읽기

1 지역에서는 지역의 자연환경, 역사, 문화, 생산물 등을 알리기 위해 다양한 노력을 합니다. 지역 누리집을 검색하거나 지역 안내 자료를 찾아보면 지역을 알리려는 노력을 확인할 수 있습니다. 지역을 잘 아는 전문가나 어른께 여쭈어보거나 직접 찾아가 보는 방법도 있습니다.

2 지역에서는 지역을 알리기 위해 지역의 특징이나 자랑거리를 나타내는 캐릭터나 상징 마크 등의 상징물을 만듭니다. 그리고 많은 사람들이 지역을 찾아와 지역의 자연환경, 국가유산, 문화, 관광지, 음악 등을 즐길 수 있도록 관광 프로그램을 운영하고 지역의 모습을 기억할 수 있는 기념품을 만들기도 합니다. 또한, 지역 축제나 행사를 열어서 지역의 자연환경과 생산물, 역사와 문화 등을 직접 보고 체험할 수 있는 기회를 제공하기도 합니다.

3 이러한 노력으로 주민들이 지역에 대해 관심을 가지게 되며, 지역에 대한 ◆자부심과 지역을 사랑하는 마음을 느낄 수 있습니다. 그리고 다른 지역의 사람들이 우리 지역을 관광하고, 지역의 생산물을 사면서 지역 간의 교류가 활발해집니다. 이에 따라 지역의 경제도 발전할 수 있습니다.

4 한편, 지역을 알리려는 노력을 살펴보면 그 지역의 특성을 이해할 수 있습니다. 특히 지역에서 열리는 축제나 행사를 보면, 그 지역의 환경과 생산물 등을 알 수 있습니다. 강원특별자치도 태백시에서는 해마다 겨울이 되면 '눈 축제'를 엽니다. 이를 통해 태백시에는 겨울에 눈이 많이 내린다는 것을 알 수 있습니다. 충청북도 금산군에서는 '인삼 축제'를 엽니다. 인삼은 금산군의 대표적인 생산물로, 축제를 열어 다른 지역 사람들에게 지역의 생산물을 소개하고 경험하게 하려는 것입니다. ㉠ 지역에서 열리는 다양한 축제로 그 지역의 역사와 그 지역에서 살았던 옛 사람들의 생활 모습도 알 수 있습니다.

◆ **자부심** 자기 자신 또는 자기와 관련되어 있는 것에 대해 그 가치를 믿고 당당히 여기는 마음

1 우리 지역을 알리기 위한 노력으로 알맞지 <u>않은</u> 것은 무엇인가요?   [✎   ]

① 지역의 특징을 나타내는 상징물을 만듭니다.

② 지역을 관광할 수 있는 프로그램을 만듭니다.

③ 지역의 모습을 기억할 수 있는 기념품을 만듭니다.

④ 지역의 역사 및 문화와 관련한 축제나 행사를 엽니다.

⑤ 다른 지역의 생산물을 직접 보고 체험할 수 있게 합니다.

2 지역을 알리고자 노력하는 까닭으로 알맞은 것을 보기 에서 골라 기호를 쓰시오.

[✎   ,   ]

> **보기**
> ㉠ 지역 경제에 도움이 되기 위해서
> ㉡ 다른 지역 사람들과 경쟁하기 위해서
> ㉢ 주민들이 지역에 관심을 갖게 하기 위해서

자료 활용

3 다음은 ㉠의 사례입니다. 내용을 통해 알 수 있는 점으로 알맞은 것은 무엇인가요?

[✎   ]

경상남도 통영시에서는 해마다 '통영 한산 대첩 축제'를 엽니다. 옛날에 통영시에 있는 한산도 앞바다에서 이순신 장군이 일본군을 크게 물리친 일이 있었습니다. 이 축제는 이 전투를 기념하고, 이순신 장군을 기리기 위한 것입니다. 축제가 열리면 통영시뿐만 아니라 다른 지역에 사는 많은 사람이 통영시를 찾습니다.

① 통영시에는 지역의 생산물을 알리기 위한 축제가 있습니다.

② 통영시는 지역의 모습을 기억할 수 있는 기념품을 만듭니다.

③ 통영시에는 바다에서 적을 크게 물리친 역사적 사건이 있었습니다.

④ 통영시에서 열리는 축제에는 통영시 주민들만 참석할 수 있습니다.

⑤ 통영시에는 지역의 자연환경을 체험할 수 있는 관광 프로그램이 있습니다.

정리하기

 13, 14일차에서 공부한 내용을 정리하면 교과서 개념이 완성돼!

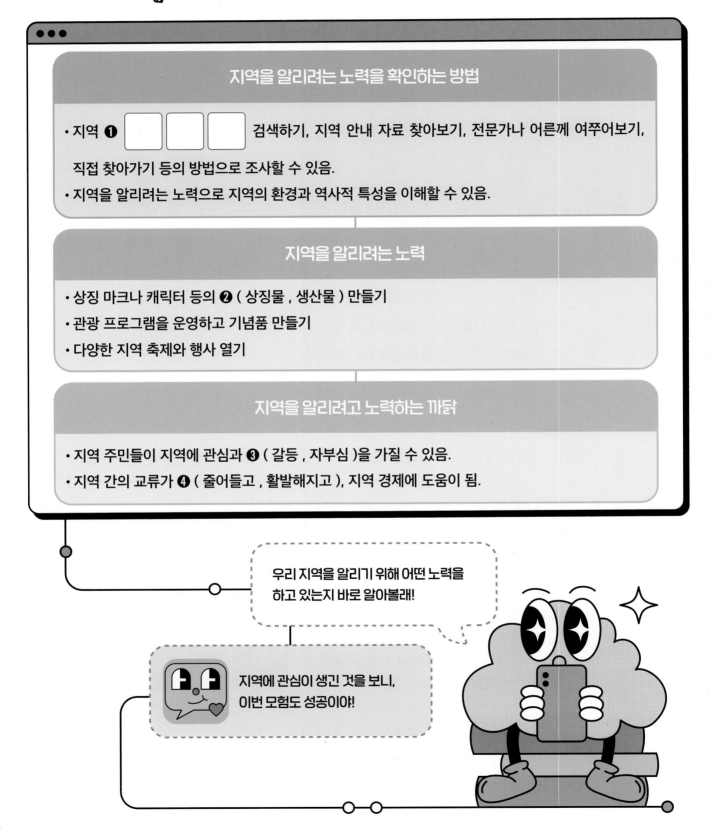

지역을 알리려는 노력을 확인하는 방법

- 지역 ❶ ☐☐☐ 검색하기, 지역 안내 자료 찾아보기, 전문가나 어른께 여쭈어보기, 직접 찾아가기 등의 방법으로 조사할 수 있음.
- 지역을 알리려는 노력으로 지역의 환경과 역사적 특성을 이해할 수 있음.

지역을 알리려는 노력

- 상징 마크나 캐릭터 등의 ❷ (상징물 , 생산물) 만들기
- 관광 프로그램을 운영하고 기념품 만들기
- 다양한 지역 축제와 행사 열기

지역을 알리려고 노력하는 까닭

- 지역 주민들이 지역에 관심과 ❸ (갈등 , 자부심)을 가질 수 있음.
- 지역 간의 교류가 ❹ (줄어들고 , 활발해지고), 지역 경제에 도움이 됨.

우리 지역을 알리기 위해 어떤 노력을
하고 있는지 바로 알아볼래!

지역에 관심이 생긴 것을 보니,
이번 모험도 성공이야!

도전! 어휘 퀴즈

섬을 모험하며 알게 된 어휘로 퀴즈를 풀어 보자!

가로 퀴즈

가로① 지역 주민의 생활에 불편을 주거나 지역 주민들 사이에 갈등을 일으키는 문제

가로② 인간이 생활하는 데 필요하여 만들어진 물건
 예 사과는 우리 지역의 대표적인 ○○○이다.

가로③ 일을 처리하거나 해결해 나갈 방법이나 계획
 예 해결 ○○을 생각하다.

가로④ 어떤 일이나 사물이 생겨나다.

세로 퀴즈

세로① 개인이나 집단 사이에서 생각이나 의견이 서로 달라 충돌하는 것

세로② 하천의 오염, 자동차 매연 등과 같이 사람과 동물에게 나쁜 영향을 주는 지역문제

세로③ 어떤 사실이나 생각 등을 구체적으로 나타낸 물체

세로④ 헐거나 깨져 못 쓰게 만들다.

스스로 평가해요! 자신 있는 만큼 색칠해서 나의 공부력 을 확인해 보세요.

지역문제를 찾아보고 부모님께 말할 수 있나요?

지역문제의 해결 과정을 친구에게 설명할 수 있나요?

지역 축제나 행사에 가서 지역의 특성을 이해할 수 있나요?

71

3 단원
지역의 다양한 환경과 모습

주제 ①

▶ 환경

15일차 자료 | 75쪽
사진으로 비교하는
자연환경과 인문환경

16일차 독해 | 79쪽
자연환경과 인문환경의
의미와 종류

주제 ②

▶ 지역의 환경

17일차 자료 | 83쪽
지도와 사진으로
보는 지역의 환경 1

18일차 독해 | 87쪽
들과 산이 발달한
지역의 모습

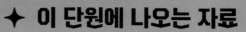

주제 ③

▶ **지역의 환경**

19일차 자료 | 91쪽
지도와 사진으로
보는 지역의 환경 2

20일차 독해 | 95쪽
바다가 발달한
지역의 모습

주제 ④

▶ **지역의 변화**

21일차 자료 | 99쪽
지도와 사진으로
보는 지역의 변화

22일차 독해 | 103쪽
지역의 변화와
올바른 환경 이용

▶ **뭉치**

이번에는 사막 섬을 탐험해 볼까?
섬에 숨어 있는 다양한 자료를
함께 찾아보자!

단원 준비하기

이 단원에서는 지역의 모습을 담은 사진에 대해 배울 거야.
내가 설명하는 지역의 모습에 알맞은 사진을 연결해 볼래?

1 푸른 들이 넓게 펼쳐져 있고
들에는 양들이 있어.

ㄱ

2 높은 건물이 있고, 건물들
사이에 넓은 도로가 있어.

ㄴ

3 푸른 산이 우뚝 솟아 있고,
그 앞에는 맑은 바다가 있어.

ㄷ

정답: 1-ㄷ 2-ㄱ 3-ㄴ

내가 설명한 사진을 모두 찾았구나.
사진에 담긴 모습을 보면 지역의
특징을 알 수 있어.

15일

 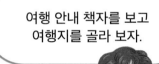

사진으로 비교하는 자연환경과 인문환경

교과 연계

[초등 3~4학년]	[초등 5~6학년]	[중학교]	[고등학교]
우리가 사는 곳의 환경	다양한 자연환경과 인간생활	-	-

교과서 속 어휘 알기

여행 안내 책자를 보고 여행지를 골라 보자.

이곳은 자연환경이 아름다운 것 같아요.

와! 여기를 보세요. 이곳은 인문환경이 발달해서 멋진 건물이 많아요.

환경		
둘러싸다	환	環
경계	경	境

우리 주변을 둘러싼 모든 것

예 환경을 깨끗이 정리하다.

자연환경		
스스로	자	自
그러하다	연	然
둘러싸다	환	環
경계	경	境

사람이 만들지 않은 자연 그대로의 것

예 자연환경이 훼손되었다.

인문환경		
사람	인	人
글	문	文
둘러싸다	환	環
경계	경	境

사람이 만든 환경

예 도시에는 인문환경이 많다.

교과서 자료 읽기

 지역의 환경은 자연환경과 인문환경으로 구분할 수 있어.
자연환경과 인문환경을 사진으로 살펴보고 물음에 답해 보자.

가 **자연환경**

↑ 산

↑ 들

↑ 바다

↑ 눈

↑ 비

↑ 기온

1 가 는 자연환경을 보여 주는 사진이에요. **자연환경은 사람이 만들지 않은 자연 그대로의 것이에요.**

쓰자 환경 중에서 사람이 만들지 않은 자연 그대로의 것을 (　　　　　)(이)라고 합니다.

2 자연환경에는 **땅의 생김새와 날씨를 이루는 것이** 있어요. 가 에서 산, 들, 바다는 땅의 생김새이고, 눈, 비, 기온은 날씨를 이루는 것이에요.

고르자 자연환경 중에서 (바다 , 눈)은/는 땅의 생김새이고, (들 , 비)은/는 날씨를 이루는 것입니다.

◆ 기온 공기의 온도 예 꽃샘추위로 어제보다 기온이 내려갔다.

나 **인문환경**

↑ 논   ↑ 밭   ↑ 과수원

↑ 도로   ↑ 공장   ↑ 아파트

3 나 는 인문환경을 보여 주는 사진이에요. **인문환경은 사람이 만든 환경으로** 논, 밭, 과수원, 도로, 공장, 아파트 등이 있어요. **논과 밭은 자연환경으로 잘못 이해하기도 해요.** 가 의 들은 자연 그대로의 평지이지만, 나 의 논과 밭은 자연 그대로인 평지를 사람이 개발해서 농작물을 기른 것이므로 인문환경이에요.

고르자 평지인 들에 과일나무를 심어 가꾼 과수원은 (자연환경 , 인문환경)입니다.

4 우리가 사는 곳에서는 자연환경과 인문환경을 함께 볼 수 있어요.

고르자

사진 속의 환경이
자연환경이면 ○,
인문환경이면 △
표를 하자.

산

바다

다리

아파트

자료

자료 더 읽기

호수는 땅이 우묵하게 들어가 물이 고여 있는 곳이야.
자연적으로 생긴 호수는 자연환경에 속하지만, 사람이 만든 호수는 인문환경에 속해.
호수 사진을 살펴보고 물음에 답해 보자.

가

↑ 자연적으로 생긴 호수

나

↑ 사람이 ◆인공적으로 만든 호수

◆ 인공 사람의 힘으로 어떤 것을 만들거나 작용하게 하는 것

1 다음 설명이 맞으면 ○, 틀리면 × 표를 하세요.

❶ 호수는 땅이 우묵하게 들어가 흙이 모여 있는 곳입니다. (   )

❷ 호수는 상황에 따라 자연환경이 될 수도 있고, 인문환경이 될 수도 있습니다. (   )

2 가 , 나 에 대한 설명에서 알맞은 말을 고르세요.

❶ 가 는 자연적으로 만들어진 호수로, (자연환경 , 인문환경)과 어우러져 있습니다.

❷ 나 는 사람이 인공적으로 만든 호수로, 주변에 (자연환경 , 인문환경)이 많이 있습니다.

3 다음 글에서 밑줄 친 내용이 자연환경이면 ○, 인문환경이면 △ 표를 하세요.

우리 지역에 있는 공원에는 공원을 지을 때 함께 만든 멋진 ❶ 호수가 있어요. 그곳을 보면 가족들과 여행할 때 갔던 한라산이 떠올라요. 한라산 정상에도 물이 고여 있는 ❷ 호수가 있어요.

78

16일 환경  독해
자연환경과 인문환경의 의미와 종류

앞에서 공부한 내용을 떠올리며 챗봇 대화를 완성해 보자!

1 자연환경과 인문환경이 뭐야?

자연환경은 산, 들, (도로 , 바다)와 같이 사람이 만들지 않은 자연 그대로의 환경이고, 인문환경은 (기온 , 공장)과 같이 사람이 만든 환경입니다.

2 논과 밭은 들에 있으니까 자연환경이지?

☐ 네, 논과 밭은 자연환경입니다.
☐ 아니요, 논과 밭은 사람들이 평지인 들을 개발하여 만든 것이므로 인문환경에 속합니다.

교과서 내용 읽기

1 우리 주변에는 산, 들, 바다, 하천, 논, 밭, 공장, 도로, 아파트 등이 있습니다. 이처럼 우리 주변을 둘러싼 모든 것을 환경이라고 합니다.

2 환경은 자연환경과 인문환경으로 나눌 수 있습니다. 자연환경은 사람이 만들지 않은 자연 그대로의 환경입니다. 자연환경은 땅의 생김새와 날씨를 이루는 것으로 구분할 수 있습니다. 산, 들, 하천, 바다 등은 땅의 생김새이고 눈, 비, 바람, 기온 등은 날씨를 이루는 것입니다.

가

↑ 들

↑ 바람

3 인문환경은 사람이 만든 환경을 말합니다. 사람들은 생활하는 데 필요하거나 생활을 편리하게 하기 위해 다양한 인문환경을 만듭니다. 인문환경에는 논과 밭, 과수원, 도로, 학교, 아파트, 공장 등이 있습니다.

나

↑ 밭

↑ 아파트

4 이와 같이 우리가 사는 지역에는 다양한 자연환경과 인문환경이 나타납니다. 자연환경과 인문환경의 특징을 알면 우리 지역의 환경을 자연환경과 인문환경으로 구분하여 이해할 수 있고, 지역에 어떤 자연환경과 인문환경이 발달하였는지도 알 수 있습니다.

1 이 글에 대한 설명으로 알맞은 것은 무엇인가요? [　　　　]

① 우리 주변을 둘러싼 일부만을 환경이라고 합니다.
② 자연환경과 인문환경은 모두 사람이 만든 것입니다.
③ 인문환경에는 땅의 생김새와 날씨를 이루는 것이 있습니다.
④ 사람들은 더 편리한 생활을 하기 위해 인문환경을 만듭니다.
⑤ 우리가 사는 지역에는 자연환경과 인문환경 중 하나의 환경만 있습니다.

자료 읽기

2 **가** 와 **나** 에 대한 설명으로 알맞지 <u>않은</u> 것은 무엇인가요? [　　　　]

① **가** 는 자연환경입니다.
② **나** 는 인문환경입니다.
③ **나** 는 사람들이 사는 데 필요해서 만들어졌습니다.
④ **가** 와 **나** 는 모두 환경입니다.
⑤ **가** 와 **나** 는 모두 자연 그대로의 것입니다.

자료 읽기

3 다음은 환경을 보여 주는 사진입니다. 사진을 자연환경과 인문환경으로 구분하여 알맞은 기호를 쓰세요.

ⓐ ↑ 눈　　　ⓑ ↑ 산　　　ⓒ ↑ 공장
ⓓ ↑ 기온　　　ⓔ ↑ 바다　　　ⓕ ↑ 도로
ⓖ ↑ 하천　　　ⓗ ↑ 학교　　　ⓘ ↑ 과수원

✎ 자연환경: (　　,　　,　　,　　,　　) 인문환경: (　　,　　,　　,　　)

정리하기

 15, 16일차에서 공부한 내용을 정리하면 교과서 개념이 완성돼!

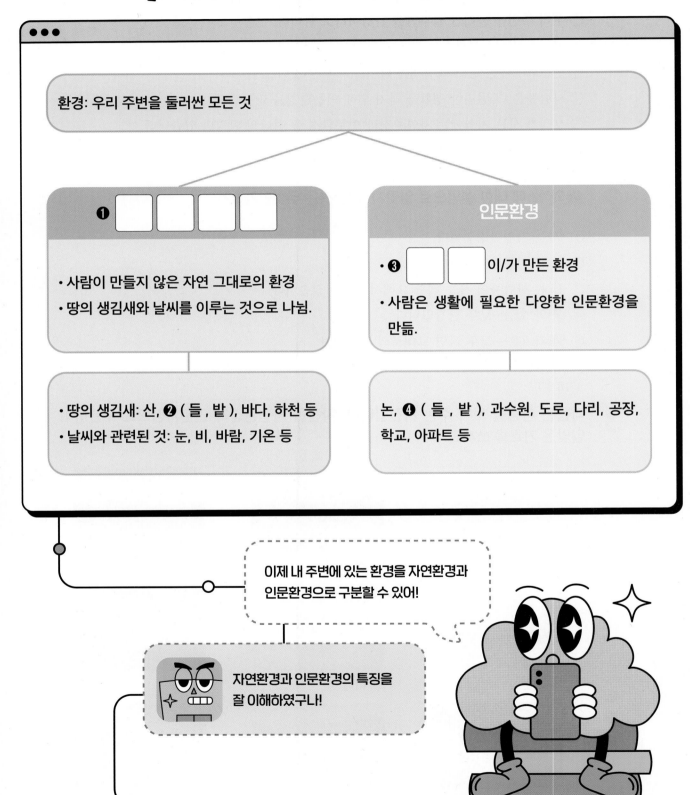

환경: 우리 주변을 둘러싼 모든 것

❶ ☐☐☐☐

• 사람이 만들지 않은 자연 그대로의 환경
• 땅의 생김새와 날씨를 이루는 것으로 나뉨.

• 땅의 생김새: 산, ❷ (들 , 밭), 바다, 하천 등
• 날씨와 관련된 것: 눈, 비, 바람, 기온 등

인문환경

• ❸ ☐☐ 이/가 만든 환경
• 사람은 생활에 필요한 다양한 인문환경을 만듦.

논, ❹ (들 , 밭), 과수원, 도로, 다리, 공장, 학교, 아파트 등

이제 내 주변에 있는 환경을 자연환경과 인문환경으로 구분할 수 있어!

자연환경과 인문환경의 특징을 잘 이해하였구나!

17일

지역의 환경 자료

지도와 사진으로 보는 지역의 환경 1

교과 연계

| [초등 3~4학년] | [초등 5~6학년] | [중학교] | [고등학교] |
| 우리가 사는 곳의 환경 | 다양한 자연환경과 인간생활 | – | – |

교과서 속 어휘 알기

> 언니, 내가 ○○ 산업 단지에 있는 연구소에서 일하게 되었어!

> 정말 잘됐다. 우리 지역에 산업 단지가 들어서면서 일자리가 많아졌구나.

산업 단지

생산하다	산	産
일	업	業
모이다	단	團
땅	지	地

산업 시설을 설치하기 위하여 계획적으로 개발한 일정한 구역

예 우리 지역에 산업 단지가 들어섰다.

연구소

연구하다	연	硏
연구하다	구	究
곳	소	所

연구를 전문으로 하는 기관

예 연구소에서 전염병의 치료제를 만들었다.

교과서 자료 읽기

어떤 지역에는 들이, 어떤 지역에는 바다가 있는 것처럼 지역마다 발달한 자연환경이 달라.
자연환경이 비슷하더라도 이를 어떻게 활용하느냐에 따라서 인문환경이 달라지기도 해.
자연환경이 비슷한 두 지역의 모습을 지도와 사진으로 보고 물음에 답해 보자.

충청남도 논산시

가

← 논산시 디지털 영상지도

나

↑ 논

다

↑ 비닐하우스

라

↑ 농업 기술 센터

1 가 는 논산시의 디지털 영상지도예요. 디지털 영상지도를 보면, 논산시에는 **넓은 들이 발달**하였음을
알 수 있어요.

고르자 논산시에는 (산 , 들)이 발달하였습니다.

2 나 ~ 라 는 논산시에 발달한 인문환경을 보여 주는 사진이에요. 논산시에는 넓은 들에 벼농사를 지어
서 나 와 같은 **논**이 많아요. 다 와 같이 채소와 과일 등을 재배하는 **비닐하우스**도 많아요.

쓰자 논산시는 들에 벼농사를 지어서 (   )이/가 많습니다.

3 라 는 **농업과 관련한 연구소** 모습이에요. 이곳에서는 곡식과 채소, 과일의 품질을 좋게 하는 방법 등을
연구하고 있어요.

경기도 성남시

마

← 성남시 디지털 영상지도

바

↑ 경부 고속 국도

사

↑ 산업 단지(판교 테크노밸리)

아

↑ 아파트 단지

4 마 는 성남시의 디지털 영상지도예요. 성남시의 동쪽과 서쪽에는 산이 있고, 가운데에 들이 있어요.

고르자 성남시에 발달한 자연환경은 산과 바다입니다. (○ , ×)

5 바 ~ 아 는 성남시의 인문환경을 보여 주는 사진이에요. 바 는 성남시를 지나가는 우리나라의 주요 도로인 **경부 고속 국도**예요. 경부 고속 국도가 지나는 성남시는 교통이 발달하였어요. 사 는 회사들이 모여 있는 모습이에요. 성남시에는 정보 통신 기술(IT) 산업과 관련한 **산업 단지**가 있어요. 그리고 아 와 같이 대규모 **아파트 단지**가 모여 있어요.

고르자 성남시는 (강 , 고속 국도)이/가 지나고 (밭 , 산업 단지)이/가 있습니다.

6 논산시와 성남시에서 주로 발달한 자연환경과 인문환경을 정리해 볼 수 있어요.

구분	충청남도 논산시	경기도 성남시
자연환경	들	산, 들
인문환경	논, 비닐하우스, 농업 기술 센터 등	고속 국도, 산업 단지, 아파트 단지

고르자 논산시와 성남시는 모두 (들 , 바다)이/가 발달하였지만, 인문환경은 서로 (같습니다 , 다릅니다).

85

자료 더 읽기

 이번에는 강원특별자치도 정선군의 환경을 살펴보고 물음에 답해 보자.

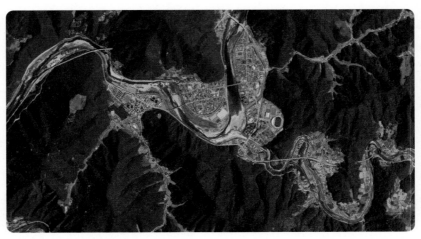

⬆ 정선군 디지털 영상지도

1 지도를 보고 알 수 있는 내용이 맞으면 ○, 틀리면 ✕ 표를 하세요.

❶ 정선군은 산으로 둘러싸여 있습니다. (   )

❷ 정선군에는 지역을 가로질러 흐르는 바다가 있습니다. (   )

2 다음은 정선군의 환경을 정리한 것입니다. 사진을 보고 알맞은 말을 고르세요.

서늘한 날씨에서 잘 자라는 채소를 기르는 ❶ (밭 , 과수원)이 있습니다.

높은 ❷ (산 , 아파트)이/가 많고 겨울철에 ❸ (눈 , 비)이/가 많이 내려 스키장과 관련한 시설이 있습니다.

❹ (논 , 숲)을 이용하여 만든 자연 휴양림이 있습니다. 자연 휴양림은 등산이나 산책을 하거나 숙박을 할 수 있게 만든 숲입니다.

18일

지역의 환경 독해

들과 산이 발달한 지역의 모습

앞에서 공부한 내용을 떠올리며 챗봇 대화를 완성해 보자!

> 1 자연환경이 비슷한 지역은 인문환경도 비슷해?

인문환경은 자연환경의 영향을 (많이 , 적게) 받지만,
자연환경이 비슷하더라도 인문환경이 (같을 , 다를) 수
있습니다.

> 2 내가 사는 충청남도 논산시에는 들이 많은데, 논산시에는
> 어떤 인문환경이 발달하였어?

위 사진처럼 논산시에는 넓은 들을 개발하여 만든
(논 , 공장)과 (산업 단지 , 비닐하우스)가 많습니다.

교과서 내용 읽기

1 우리가 사는 지역에는 다양한 자연환경과 인문환경이 있습니다. 인문환경은 자연환경의 영향을 많이 받기 때문에 지역의 자연환경에 따라 인문환경이 달라지기도 합니다. 또한 자연환경이 비슷하더라도 이를 어떻게 활용하느냐에 따라서 인문환경이 달라지기도 합니다. 그래서 자연환경이 비슷한 지역이라도 인문환경이 다르게 발달할 수 있습니다.

2 전라남도 나주시와 경기도 광명시는 모두 들이 발달한 지역입니다. 나주시는 벼농사가 발달하였고, 채소와 과일을 많이 재배합니다. 그래서 들에 논과 밭, 과수원, 비닐하우스 등이 발달하였고, 농업을 전문적으로 연구하는 농업 기술 센터가 있습니다. 광명시에는 들에 아파트 단지와 도로가 많습니다. 그리고 최첨단 산업과 관련한 산업 단지가 들어서면서 많은 사람이 모였습니다. 사람이 많아지면서 대형 마트나 상점 등도 늘어났습니다.

↑ 논

↑ 산업 단지

3 산이 발달하고 ◆해발 고도가 높은 지역에서도 자연환경을 활용하여 다양한 인문환경을 만듭니다. 강원특별자치도 평창군은 산으로 둘러싸여 있고 해발 고도가 높아, 날씨가 서늘하고 겨울에는 눈이 많이 내립니다. 이러한 자연환경으로 서늘한 날씨에 잘 자라는 ◆고랭지 채소를 재배하는 밭과 ㉠ 산비탈에 계단처럼 만든 계단식 논이 발달하였습니다. 또한 날씨가 서늘해 풀이 잘 자라 가축을 기르는 목장도 많이 있습니다. 산에는 스키장이 있고, 자연 휴양림이 발달하였습니다.

◆ **해발 고도** 바닷물의 표면인 해수면을 기준으로 잰 높이 예 한라산의 해발 고도는 1,950 m이다.
◆ **고랭지 채소** 해발 고도가 높고 서늘한 곳에서 잘 자라는 배추, 무, 감자 등의 채소

1 이 글에 대한 설명으로 알맞은 것은 무엇인가요? [✎   ]

① 자연환경만 인문환경의 영향을 받습니다.

② 자연환경이 비슷하면 발달한 인문환경이 같습니다.

③ 자연환경이 비슷한 지역이라도 인문환경이 다를 수 있습니다.

④ 전라남도 나주시와 강원특별자치도 평창군은 들이 많은 지역입니다.

⑤ 경기도 광명시는 산으로 둘러싸여 있고 해발 고도가 높은 지역입니다.

자료 읽기

2 가 와 나 에 대한 설명으로 알맞지 <u>않은</u> 것은 무엇인가요? [✎   ]

① 가 는 벼농사의 발달과 관계가 있습니다.

② 나 가 들어서면서 사람들이 많이 모였습니다.

③ 나 에서는 최첨단 산업과 관련한 일을 합니다.

④ 가 와 나 는 모두 인문환경입니다.

⑤ 가 와 나 는 주로 산이 발달한 지역에서 볼 수 있습니다.

자료 활용

3 ㉠의 모습을 나타낸 사진으로 알맞은 것을 고르세요.

4 다음은 논산시, 광명시, 평창군의 환경을 정리한 표입니다. 빈칸에 알맞은 말을 쓰세요.

구분	충청남도 논산시	경기도 광명시	강원특별자치도 평창군
자연환경	❶ ( )이/가 발달함.		❷ ( )이/가 발달함.
인문환경	• 논과 밭 • 과수원과 비닐하우스 • ❸ ( )을/를 전문적으로 연구하는 농업 기술 센터	• 아파트 단지 • 도로 • ❹ 최첨단 산업과 관련한 ( ) • 대형 마트와 상점	• ❺ ( ) 채소를 재배하는 밭과 계단식 논 • 목장 • 스키장 • 자연 휴양림

정리하기

 17, 18일차에서 공부한 내용을 정리하면 교과서 개념이 완성돼!

지역마다 자연환경이 다르므로 인문환경도 다르게 나타남.

❶ [ ] 이/가 발달한 지역

- 충청남도 논산시, 전라북도 나주시 : 논과 밭, 과수원 등이 많고 농업 기술 센터가 있음.
- 경기도 성남시, 경기도 광명시 : 아파트 단지와 도로 등이 많고 산업 단지가 있음.

⬇

자연환경이 비슷하더라도 ❷ [ ] [ ] 환경이 다를 수 있음.

❸ [ ] 이/가 발달한 지역

- 강원특별자치도 정선군, 강원특별자치도 평창군 : 고랭지 채소를 기르는 밭, 계단식 논, 목장 등이 있고, 스키장 및 자연 휴양림이 있음.

내가 사는 지역과 자연환경이
비슷한 곳을 찾아보고
인문환경을 비교해 볼래.

배운 내용을 바로 적용하는 것을
보니 이번 모험도 성공이야!

19일

지역의 환경 자료
지도와 사진으로 보는 지역의 환경 2

교과 연계

[초등 3~4학년]
우리가 사는 곳의 환경

[초등 5~6학년]
다양한 자연환경과
인간생활

[중학교]
-

[고등학교]
-

교과서 속 어휘 알기

항구가 정말 멋지다!

항구 주변에 굴을 기르는 양식장도 있어서 신선한 굴을 먹을 수 있어.

항구		
항구	항	港
어귀	구	口

배가 안전하게 드나들도록
강가나 바닷가에 설치한 곳

⑩ 배가 항구를 떠났다.

염전		
소금	염	鹽
밭	전	田

바닷물을 모아서 소금을
만드는 곳

⑩ 염전에서 소금을 생산한다.

양식장		
기르다	양	養
번식하다	식	殖
마당	장	場

물고기, 김, 버섯 등을 기르는
일을 전문적으로 하는 곳

⑩ 양식장에서 굴을 기른다.

교과서 **자료** 읽기

자연환경은 비슷하지만 인문환경이 다른 **두 지역의 모습을 살펴보고 물음에 답해 보자.**

전라남도 완도군

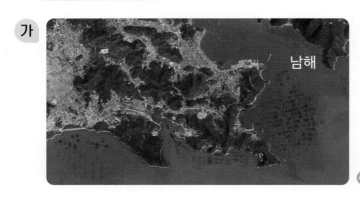

가

남해

← 완도군 디지털 영상지도

나
↑ 갯벌

다
↑ 양식장

라
↑ 염전

1 가 는 완도군의 디지털 영상지도예요. 완도군은 **남해와 맞닿아** 있어요.

　고르자　 완도군은 (바다 , 하천)이/가 발달한 지역입니다.

2 나 는 완도군의 ◆**갯벌** 모습이에요. 갯벌은 완도군에 발달한 자연환경이에요. 갯벌에는 조개, 낙지 등 다양한 생물이 살고 있어요.

　쓰자　 완도군에는 (　　　　　)이/가 발달하여 이곳에서 조개나 낙지 등을 잡습니다.

3 다 는 김을 기르는 **양식장**의 모습이에요. 완도군 주변 바다는 얕고 따뜻해서 김이나 미역, 전복 등을 기르기에 좋아요. 라 는 **염전**의 모습이에요. 염전은 바닷물을 모아서 소금을 만드는 곳으로 바닷가 근처에 있어요.

　고르자　 완도군에는 김을 기르는 (염전 , 양식장)과 소금을 만드는 (염전 , 양식장)이 있습니다.

◆ 갯벌 바닷물이 빠져 나가는 썰물 때 물 밖으로 드러나는 넓고 평평한 땅

경상북도 포항시

마

동해

⬅ 포항시 디지털 영상지도

바

⬆ 해수욕장

사

⬆ 건조장

아

⬆ 제철소

4 마 를 보면 포항시는 **동해**와 맞닿아 있다는 것을 알 수 있어요.

고르자 포항시는 (남해 , 동해)와 맞닿아 있습니다.

5 포항시 바닷가에는 **모래사장**이 펼쳐져 있어 바 와 같은 **해수욕장**이 발달하였어요. 해수욕장 근처에는 관광객을 위한 식당과 숙박시설이 많아요. 사 는 바다에서 잡은 생선을 바로 손질해서 말리는 **건조장**의 모습이에요. 아 는 철을 만드는 **제철소**의 모습이에요. 제철소는 원료를 수입하고 철을 수출하기에 유리하도록 큰 항구 근처에 만들어요.

쓰자 포항시는 바닷가에 (   )이/가 펼쳐져 있어 해수욕장이 발달하였습니다.

6 전라남도 완도군과 경상북도 포항시에 발달한 자연환경과 인문환경을 정리해 볼 수 있어요.

고르자

구분	전라남도 완도군	경상북도 포항시
자연환경	바다, (갯벌 , 모래사장)	바다, (갯벌 , 모래사장)
인문환경	양식장, 염전 등	해수욕장, 건조장, 제철소 등

자료 더 읽기

 바다가 발달한 지역에는 주변의 자연환경을 이용한 해상 국립 공원이 발달하기도 해.
해상 국립 공원과 관련한 자료를 읽고 물음에 답해 보자.

우리나라에서는 자연의 풍경이 아름답고 다양한 동식물이 사는 곳을 국립 공원으로 정하여 관리하고 있습니다. 그 중 해상 국립 공원은 바다와 그 주변의 자연환경을 국가에서 국립 공원으로 지정한 곳입니다.
우리나라의 해상 국립 공원에는 한려 해상 국립 공원과 다도해 해상 국립 공원이 있습니다. 경상남도 통영시는 한려 해상 국립 공원에, 전라남도 완도군은 다도해 해상 국립 공원에 속합니다. 두 지역은 모두 바닷물이 맑고 주변에 많이 섬이 있습니다. 그리고 바닷가 주변의 산 등의 자연환경이 아름답습니다.

↑ 한려 해상 국립 공원(경상남도 통영시)

↑ 다도해 해상 국립 공원(전라남도 완도군)

1 해상 국립 공원에 대한 설명이 맞으면 ○, 틀리면 ✕ 표를 하세요.

❶ 해상 국립 공원은 개인이 지정합니다. (   )

❷ 해상 국립 공원은 바다와 그 주변을 포함합니다. (   )

❸ 전라남도 완도군에는 다도해 해상 국립 공원이 있습니다. (   )

❹ 다도해 해상 국립 공원은 우리나라의 유일한 해상 국립 공원입니다. (   )

2 자료를 보고 알 수 있는 내용으로 알맞은 말을 고르세요.

❶ 통영시와 완도군은 (바다 , 하천)과/와 맞닿아 있습니다.

❷ 통영시와 완도군 주변에는 (섬 , 갯벌)이 많이 있습니다.

❸ 통영시와 완도군은 바다와 (산 , 제철소)이/가 조화를 이루는 지역입니다.

20일

지역의 환경 독해

바다가 발달한 지역의 모습

앞에서 공부한 내용을 떠올리며 챗봇 대화를 완성해 보자!

1 바다가 발달한 완도군은 어떤 인문환경이 발달했니?

전라남도 완도군은 남해와 맞닿아 있습니다. 완도군 주변 바다
에는 김과 미역 등을 기르는 (갯벌 , 양식장)이 있습니다.

2 바다가 발달한 다른 지역도 있어?

동해와 맞닿아 있는 경상남도 포항시도 있습니다. 포항시
에는 사진과 같이 물고기를 말리는 (염전 , 건조장)이
있습니다. 항구 근처에는 (철 , 소금)을 만드는 제철소도
있습니다.

교과서 내용 읽기

1 바다와 맞닿은 지역에는 바다와 관련한 인문환경이 많습니다. 바다가 발달한 지역에서는 바다에 나가 직접 물고기를 잡기도 하지만, 바닷가 근처에 양식장을 만들기도 합니다. 바닷물을 모아서 소금을 만드는 염전이 있는 곳도 있습니다. 갯벌이 발달한 지역에서는 바닷물이 빠지면 갯벌에서 조개나 낙지 등을 잡습니다. 모래사장이 발달한 곳에서는 모래사장을 활용해 해수욕장을 만듭니다.

2 바닷가 주변에는 항구도 있습니다. 항구에는 파도를 막기 위해 만든 방파제와 등대 등의 시설이 있고, 잡은 물고기를 바로 사고파는 수산물 직판장, 물고기나 미역 등을 말리는 건조장도 있습니다. 또한, 큰 항구 근처에는 제철소가 만들어지기도 합니다.

3 경상남도 통영시는 바다가 발달한 대표적인 지역입니다. 통영시는 남해와 맞닿아 있는 지역으로, 곳곳에 항구가 있습니다. 항구에는 물고기를 잡는 배들이 많이 있고, 바다 주변에는 굴을 기르는 양식장도 있습니다. 통영시 주변의 바다와 아름다운 섬들은 해상 국립 공원으로 지정되어 있습니다.

4 전라남도 광양시도 남해와 맞닿아 있는 지역입니다. 광양시의 대표적인 항구는 광양항입니다. 광양항 주변에는 철을 만드는 대규모 제철소가 있습니다. 광양항에는 철을 만드는 원료를 수입해 오는 배와 만든 철을 수출하는 배들이 오갑니다.

1 이 글의 내용으로 알맞은 것은 무엇인가요?   [✎   ]

① 바다가 발달한 지역에서는 물고기를 잡는 일만 합니다.

② 바다와 맞닿아 있는 지역에서는 양식장에서 소금을 만들기도 합니다.

③ 통영시와 광양시는 바다가 발달한 곳으로 모두 남해와 맞닿아 있습니다.

④ 광양시는 해상 국립 공원으로 지정된 곳으로 주변에 아름다운 섬들이 있습니다.

⑤ 통영시의 항구에는 철의 원료를 수입하고, 만든 철을 수출하는 배들이 많습니다.

2 다음 환경에 대한 알맞은 설명을 선으로 연결하세요.

❶ 갯벌   •   • ㉠ 모래사장에 만듦.

❷ 해수욕장   •   • ㉡ 조개나 낙지 등을 잡음.

❸ 수산물 직판장   •   • ㉢ 잡은 물고기를 바로 사거나 팖.

자료 활용

3 다음은 바닷가에서 볼 수 있는 인문환경 사진입니다. 각 지역에서 주로 볼 수 있는 모습을 담은 사진의 기호를 쓰세요.

㉠

⬆ 제철소

㉡
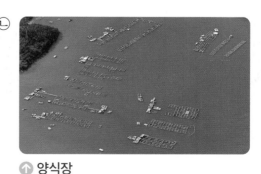
⬆ 양식장

✎ 경상남도 통영시: (   ), 전라남도 광양시: (   )

정리하기

 19, 20일차에서 공부한 내용을 정리하면 교과서 개념이 완성돼!

바다가 발달한 지역의 환경

· 김과 굴 등을 기르는 ❶ ☐☐☐ 이/가 있음. 예 전라남도 완도군, 경상북도 통영시

· 소금을 만드는 염전이 있음.

· ❷ ☐☐ 에는 방파제, 등대, 수산물 직판장, 건조장 등이 있음.

· 철을 생산하는 ❸ (연구소 , 제철소)가 있음. 예 경상북도 포항시, 전라남도 광양시

· 갯벌에서 조개나 낙지 등을 잡음.

· 모래사장을 이용해서 만든 해수욕장이 있음.

· 바닷가의 풍경이 아름다운 곳은 ❹ (자연 휴양림 , 해상 국립 공원)으로 지정하기도 함.

이제 바닷가에 놀러 가면 그 주변에 어떤 환경이 있는지 찾아볼 거야.

자연환경을 활용하는 방법에 따라 인문환경이 달라진다는 것을 기억해.

21일

지역의 변화 `자료`

지도와 사진으로 보는 지역의 변화

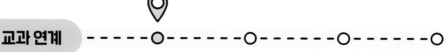

교과 연계

[초등 3~4학년]	[초등 5~6학년]	[중학교]	[고등학교]
이용과 개발에 따른 환경 변화	다양한 자연환경과 인간 생활	기후변화에 대한 지역별 대응 노력	-

교과서 속 어휘 알기

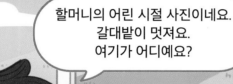

할머니의 어린 시절 사진이네요. 갈대밭이 멋져요. 여기가 어디예요?

이곳이란다. 지금과 모습이 많이 다르지? 이곳을 개발하면서 아파트가 들어섰지. 그래서 갈대밭을 보전하지 못했단다.

개발하다		
열다	개	開
피다	발	發

토지나 천연자원 등을 유용하게 만들다.

예 지역을 개발하고 있다.

간척		
막다	간	干
넓히다	척	拓

바다나 호수의 물을 빼내어 육지로 만드는 일

예 간척 사업으로 땅이 넓어졌다.

보전하다		
지키다	보	保
온전하다	전	全

온전하게 보호하여 유지하다.

예 자연환경을 보전해야 한다.

교과서 자료 읽기

사람들은 지역의 환경을 이용하거나 개발하는데, 그 과정에서 지역의 모습은 변화해.
인천광역시 중구(영종도)의 변화 모습을 지도와 사진으로 살펴보고 물음에 답해 보자.

가

← 영종도(1980년대)

나

← 영종도(2024년)

1 **가** 는 간척하기 전인 1980년대의 영종도 모습이에요. 지도를 보면, 이 시기에는 큰 섬인 영종도와 주변에 작은 섬들이 있어요. 영종도는 1990년대 **주변 바다와 갯벌을 메우는 간척**을 하였어요.

쓰자 영종도는 주변 바다와 갯벌을 메우는 (   )을/를 하였습니다.

2 **나** 는 간척하고 난 뒤인 오늘날의 모습이에요. 지도 속 영종도는 **가** 의 모습과 많이 달라요. ㉠ 여러 개의 섬이 하나로 합쳐져 **면적이 넓어졌고** ㉡ 섬과 육지를 연결하는 **다리와 도로**가 생겼어요.

고르자 2022년의 영종도는 이전보다 면적이 (넓어졌습니다 , 좁아졌습니다).

다

⬆ 염전(『경인일보』)

라

⬆ 인천 국제공항

마

⬆ 아파트 단지

3 다 는 간척 전에 영종도에 있었던 염전의 모습이에요. **간척을 하기 전 영종도 사람들은** 바닷가 근처의 **염전에서 소금을 만들거나** 바다에서 **물고기를 잡았어요.** 라 와 마 는 간척 후의 영종도 모습이에요. 라 영종도에 인천 **국제공항이 만들어지면서** 공항과 관련한 다양한 시설이 생겼어요. 마 영종도에 사람이 모이면서 **아파트 단지와 편의 시설** 등이 만들어졌어요.

〔고르자〕 영종도는 간척한 뒤에 국제공항과 아파트 단지 등이 만들어졌습니다. (○ , ✕)

4 영종도의 모습이 바뀌면서 사람들의 생활 모습도 달라져 인천 국제공항이나 상점에서 일하는 사람도 많아졌어요.

〔고르자〕

오늘날 영종도에 사는 사람들이 주로 일하는 장소를 골라 보자.

자료 더 읽기

간척으로 환경을 개발하면 지역이 발달하지만, 여러 가지 지역문제가 생기기도 해.
영종도를 간척하고 난 뒤에 나타난 지역문제를 알아보고 문제를 풀어 보자.

가

↑ 영종도의 갯벌

갯벌은 다양한 생물이 사는 곳으로 생태계에서 중요한 역할을 합니다. 영종도는 원래 갯벌이 발달한 곳이었는데, 간척으로 갯벌이 훼손되어 갯벌의 면적이 많이 줄었습니다.

나

↑ 인천 국제공항의 비행기

비행기가 이륙하고 착륙할 때 소음이 발생합니다. 인천 국제공항으로 수많은 비행기가 오가면서 비행기 소음으로 고통받는 주민이 늘고 있습니다.

1 다음 설명이 맞으면 ○, 틀리면 ✕ 표를 하세요.

❶ 간척은 환경을 개발하는 것입니다. (   )

❷ 간척을 하면 지역문제가 생기지 않습니다. (   )

2 자료에 대한 설명으로 알맞은 말을 고르세요.

❶ 가 는 지역의 (소음 문제, 환경 문제)를 보여 주는 자료입니다.

❷ 나 로 지역에서 발생하는 (소음 문제 , 환경 문제)를 확인할 수 있습니다.

❸ 가 , 나 를 보면 영종도는 간척한 뒤에 갯벌의 면적이 (늘었고, 줄었고), 소음으로 고통받는 주민이 (늘고 , 줄고) 있습니다.

3 다음 내용과 관련 있는 자료를 위에서 골라 ∨ 표를 하세요.

갯벌은 철새들이 머무는 중요한 장소입니다. 영종도의 갯벌의 면적이 줄어들면서 이곳을 찾는 철새의 수도 줄었습니다. 이와 같이 환경을 개발하는 것은 자연환경에 좋지 않은 영향을 줄 수도 있습니다.

22일

지역의 변화 독해

지역의 변화와 올바른 환경 이용

앞에서 공부한 내용을 떠올리며 챗봇 대화를 완성해 보자!

1 나는 인천광역시에 있는 영종도에 사는데 1980년대 영종도의 지도를 보여 줄래?

2 지금과 모습이 많이 다르네. 어떤 점이 변한 거야?

영종도는 간척으로 면적이 넓어졌고, 섬과 육지를 연결하는 (다리 , 하천)이/가 생겼습니다. 영종도에 (갯벌 , 공항)이 들어서면서 많은 사람이 모이는 지역이 되었습니다.

정답과 해설 22쪽

교과서 내용 읽기

1 우리는 환경을 이용하고 개발하며 살아갑니다. 이 과정에서 지역의 모습이 변화하기도 합니다. 인천광역시 중구의 영종도는 환경 개발로 모습이 크게 변한 지역 가운데 하나입니다. 영종도는 원래 작은 섬마을이었는데, 간척으로 면적이 넓어졌고, 섬과 육지를 연결하는 다리와 도로가 생겼습니다. 그리고 인천 국제공항이 생기면서 건물들도 많아졌습니다.

2 간척을 하고 난 뒤에 영종도에 사는 사람들이 하는 일도 달라졌습니다. 간척 전에는 사람들은 주로 물고기를 잡거나 염전에서 소금 만드는 일을 하였습니다. 간척 후에는 국제공항이나 주변의 회사, 상점 등에서 일하는 사람들이 많아졌습니다. 영종도에 사람들이 모이면서 아파트 단지와 다양한 편의시설도 생겼습니다.

3 경기도 안산시도 환경 개발로 모습이 변한 지역입니다. 원래 안산시는 들이 있고 바다와 맞닿아 있는 지역으로, 사람들은 주로 농사를 짓거나 물고기를 잡았습니다. 안산시에 산업 단지가 생기면서 지역의 모습이 달라졌습니다. 산업 단지에서 일하는 사람이 많아지면서 안산시의 인구가 크게 늘어났고, 이에 따라 대규모 아파트 단지가 생겼습니다. 도로가 발달하고 지하철과 고속 국도도 만들어졌습니다.

4 이처럼 환경을 개발하면 지역이 발전하기도 하지만 개발에 따른 문제가 발생하기도 합니다. 영종도는 간척으로 갯벌의 면적이 줄면서 갯벌에서 머무는 철새도 줄었습니다. 공항 주변에는 비행기가 내는 소음이 문제가 되기도 합니다. 경기도 안산시에는 사람이 많이 살기 시작하면서 폐수와 쓰레기로 환경이 오염되기도 하였습니다.

5 환경을 개발할 때 일어난 문제는 사람에게 피해를 주기도 합니다. 그리고 개발 과정에서 훼손된 환경은 다시 되돌리기 어렵습니다. 원래 모습으로 돌아간다고 하더라도 그 시간이 매우 오래 걸립니다. 따라서 환경을 개발할 때는 환경을 보전하면서 지속적으로 이용할 수 있는 방법을 고민하여 알맞은 방법을 찾아야 합니다.

1 영종도에 대한 설명으로 알맞은 것은 무엇인가요?　　　　　　　　[　　　]

① 원래 들이 많은 곳이었습니다.

② 간척으로 섬의 면적이 더 좁아졌습니다.

③ 간척 후에 갯벌을 찾는 철새가 늘었습니다.

④ 간척 후에 사람들은 주로 소금 만드는 일을 합니다.

⑤ 국제공항이 생겨 소음으로 인한 문제가 일어나고 있습니다.

자료 읽기

2 다음은 안산시의 변화를 보여 주는 지도입니다. 이에 대한 설명으로 알맞은 내용을
보기 에서 모두 골라 기호를 쓰세요.　　　　　　　　[　　　,　　　]

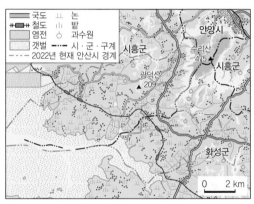
↑ 경기도 안산시(1970년대)

↑ 경기도 안산시(2020년대)

보기

㉠ 1970년대에 안산시에는 논과 밭이 많았습니다.

㉡ 2020년대에는 안산시에 산업 단지가 들어섰습니다.

㉢ 안산시는 2020년대보다 1970년대에 교통이 더 발달하였습니다.

---

3 이 글을 읽고 할 수 있는 말로 알맞지 <u>않은</u> 것을 골라 ○ 표를 하세요.

우리는 환경을
보전하면서 개발하도록
노력해야 해요.

개발 과정에서 훼손된
환경은 원래의 모습으로
되돌리기 어려워요.

환경을 개발할 때 생기는
문제는 신경쓰지 않아도
돼요.

정리하기

 21, 22일차에서 공부한 내용을 정리하면 교과서 개념이 완성돼!

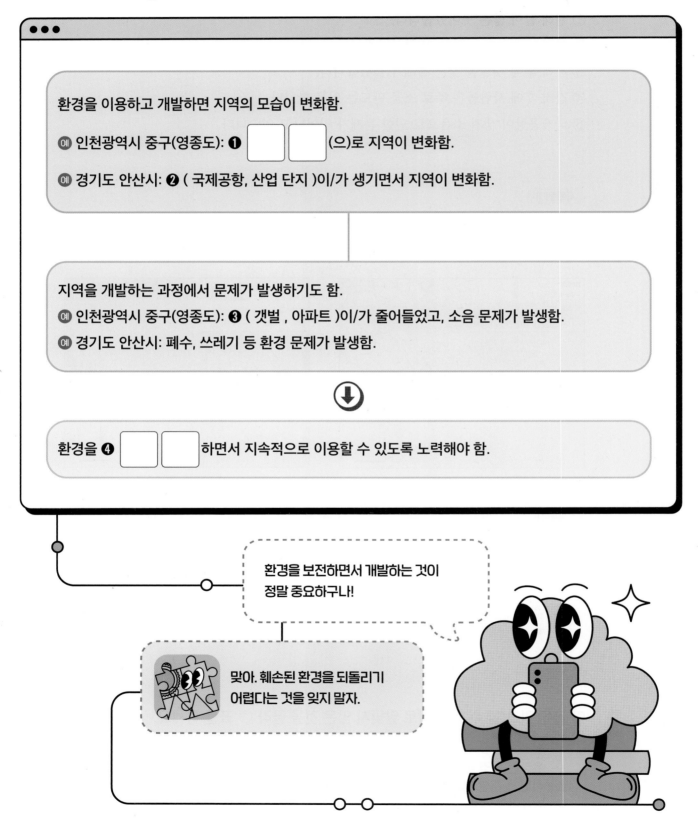

환경을 이용하고 개발하면 지역의 모습이 변화함.

- 예 인천광역시 중구(영종도): ❶ ☐ ☐ (으)로 지역이 변화함.
- 예 경기도 안산시: ❷ (국제공항, 산업 단지)이/가 생기면서 지역이 변화함.

지역을 개발하는 과정에서 문제가 발생하기도 함.
- 예 인천광역시 중구(영종도): ❸ (갯벌 , 아파트)이/가 줄어들었고, 소음 문제가 발생함.
- 예 경기도 안산시: 폐수, 쓰레기 등 환경 문제가 발생함.

환경을 ❹ ☐ ☐ 하면서 지속적으로 이용할 수 있도록 노력해야 함.

환경을 보전하면서 개발하는 것이 정말 중요하구나!

맞아. 훼손된 환경을 되돌리기 어렵다는 것을 잊지 말자.

도전! 어휘 퀴즈

섬을 모험하며 알게 된 어휘로 퀴즈를 풀어 보자!

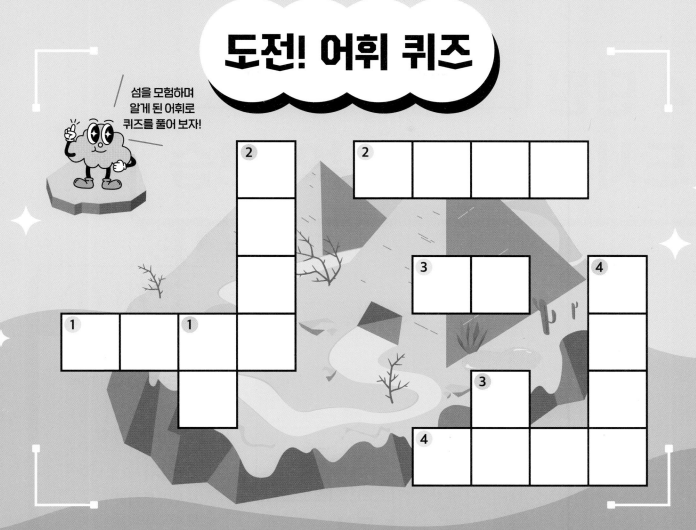

가로 퀴즈

가로① 사람이 만들지 않은 자연 그대로의 것

가로② 산업 시설을 설치하기 위하여 계획적으로 개발한 일정한 구역

가로③ 바다나 호수의 물을 빼내어 육지로 만드는 일

가로④ 온전하게 보호하여 유지하다.
예 아름다운 자연을 ○○○○.

세로 퀴즈

세로① 우리 주변을 둘러싼 모든 것
예 주변 ○○을 정리하였다.

세로② 사람이 만든 환경

세로③ 바닷물을 모아서 소금을 만드는 곳

세로④ 토지나 천연자원 등을 유용하게 만들다.
예 산의 산림을 ○○○○.

스스로 평가해요! 자신 있는 만큼 색칠해서 나의  을 확인해 보세요.

다른 지역에 사는 친척에게 우리 지역의 환경을 말할 수 있나요?

☆☆☆☆☆

지도와 사진을 보고 지역의 환경을 설명할 수 있나요?

☆☆☆☆☆

사진을 보고 환경의 개발로 달라진 지역의 모습을 비교할 수 있나요?

☆☆☆☆☆

4 단원
도시의 특징과 삶의 모습

주제 ①

▶ 도시

23일차 자료 | 111쪽

사진으로 보는
도시의 특징과 삶

24일차 독해 | 115쪽

도시의 특징과
도시에서의 삶

주제 ②

▶ 여러 도시 모습

25일차 자료 | 119쪽

지도와 사진으로 보는
도시의 모습 1

26일차 독해 | 123쪽

교통과 행정이
발달한 도시의 모습

✦ 이 단원에 나오는 자료 | 사진, 지도, 사례

주제 ③

▶ 여러 도시 모습

27일차 자료 | 127쪽
지도와 사진으로 보는
도시의 모습 2

28일차 독해 | 131쪽
공업과 관광이
발달한 도시의 모습

주제 ④

▶ 도시 문제

29일차 자료 | 135쪽
사례로 보는
도시 문제

30일차 독해 | 139쪽
도시 문제와
해결하려는 노력

▶ 뭉치

이제 마지막! 정글 섬이야.
섬에 숨어 있는 다양한 자료를
함께 찾아보자!

단원 준비하기

이 단원에서는 지도를 보며 지역의 다양한 모습에 대해 배울 거야.
4학년 1학기 때 배운 지도 읽는 방법을 떠올려 볼래?
다음 지도의 기호와 범례를 보고 빈칸에 알맞은 숫자를 써 보자.

범례:

══ 국도		🏣 우체국	
∼ 하천		⊞ 병원 · 보건소	
⟩⟨ 다리		✚ 약국	
⊕ 은행		⚑ 학교	

0 ~~~~ 100 m

우리 지역에는 학교가 ❶ (   )곳, 우체국이 ❷ (   )곳,
약국이 ❸ (   )곳이 있어.

정답: ❶ 2 ❷ 2 ❸ 3

지도 읽는 방법을 잘 기억하고 있구나!
지도에서 기호와 범례를 보면
지역에 있는 시설들을 알 수 있어.

23일

도시 자료
사진으로 보는 도시의 특징과 삶

교과 연계

[초등 3~4학년]
도시의 특징과
도시 문제

[초등 5~6학년]
–

[중학교]
다양한 유형의 도시

[고등학교]
도시의 의미와
도시적 생활양식

교과서 속 어휘 알기

우리 지역에 대형 할인점이 새로 생긴다고 해요.

도시는 편의 시설이 많아 살기에 좋은 것 같아요.

도시		
도시	도	都
시가	시	市

사람이 많이 모여 살며 정치, 경제, 사회,
문화 활동의 중심이 되는 곳

예 서울특별시는 도시이다.

편의 시설		
편하다	편	便
알맞다	의	宜
벌이다	시	施
세우다	설	設

편하고 좋은 환경이나
조건을 갖춘 시설

예 우리 집 주변에는 편의 시설이 많다.

교과서 자료 읽기

많은 사람이 모여 사는 도시는 어떤 모습일까?
사진으로 도시의 모습과 특징을 살펴보고 물음에 답해 보자.

가

↑ 아파트

나

↑ 전철

다

↑ 회사에서 일하는 사람들

라

↑ 백화점

마

↑ 공공 기관

바

↑ 병원

1 **가 ~ 바** 는 **도시의 모습을 담은** 사진이에요. 사진을 보면 도시의 특징을 알 수 있어요.

예 **가** 를 보면 도시에 아파트가 많다는 것을 알 수 있습니다.

고르자
- 도시에는 **나** 전철과 같은 교통수단이 (있습니다 , 없습니다).
- 도시의 사람들은 **다** 의 모습처럼 주로 (논 , 회사)에서 일을 합니다.
- 도시에는 **라** 와 같은 (과수원 , 백화점)이 있습니다.
- 도시에는 생활을 (편리하게 , 불편하게) 해 주는 **마** 와 같은 공공 기관과 **바** 와 같은 병원 등이 있습니다.

2 **가 ~ 바** 사진을 보면 **도시에서의 삶의 모습을** 짐작할 수 있어요.

예 **가** – 도시에는 아파트와 같은 ◆공동 주택에 사는 사람들이 많습니다.

잇자

나 •   • 다양한 물건을 쉽게 삽니다.

다 •   • 공공 기관을 쉽게 이용합니다.

라 •   • 아플 때 빨리 치료를 받습니다.

마 •   • 다른 지역으로 편리하게 이동합니다.

바 •   • 사람들은 주로 회사에서 일을 합니다.

사진과 사진으로 짐작할 수 있는 도시의 모습을 선으로 연결해 보자.

3 **가 ~ 바** 사진을 보면 **도시 생활의 좋은 점을** 알 수 있어요.

예 도시에는 회사가 많아 사람들이 일할 수 있는 일자리도 많습니다.

고르자
- 교통수단이 발달하여 다른 지역으로 편리하게 이동할 수 있습니다. (○ , ×)
- 병원과 같이 사람들의 생활을 편리하게 해 주는 편의 시설이 적습니다. (○ , ×)

고르자

다음 내용과 관련 있는 사진에 ○ 표를 해 볼까?

도시에는 백화점이나 대형 할인점 등이 많이 있어요. 그래서 필요한 물건을 언제든지 쉽게 구할 수 있어요.

◆ 공동 주택 여러 가구가 한 건축물 안에서 각각 따로 생활할 수 있게 지은 큰 집

자료

자료 더 읽기

 도시에서의 여가 생활과 관련한 사진을 살펴보고 물음에 답해 보자.

가

↑ 공연장

나
↑ 공원

1 사진에 대한 설명이 맞으면 ○, 틀리면 × 표를 하세요.

❶ 가 는 공연장에서 공연하는 모습입니다. (   )

❷ 나 는 사람들이 공원에서 물건을 사는 모습입니다. (   )

❸ 가 와 나 는 사람들이 여가 생활을 즐기는 모습입니다. (   )

2 사진으로 알 수 있는 내용으로 알맞은 말을 고르세요.

❶ (도시 , 학교)에는 공연장과 같은 문화 시설과 공원처럼 휴식을 취할 수 있는 장소가 많습니다. 도시에 사는 사람들은 이러한 곳에서 다양한 ❷ (여가 생활 , 회사 생활)을 즐깁니다.

3 가 , 나 와 같이 도시에서 여가 생활을 보내기에 알맞은 장소의 사진을 고르세요.

↑ 경찰서

↑ 놀이 시설

24일

도시 **자료**

도시의 특징과 도시에서의 삶

앞에서 공부한 내용을 떠올리며 챗봇 대화를 완성해 보자!

1 도시의 모습을 보여 주는 사진을 찾아 줄래?

☐  ☐

2 도시에서 살면 어떤 점이 좋아?

☐ 사람들이 일할 수 있는 일자리가 많습니다.

☐ 여가 생활을 즐길 수 있는 시설이 부족합니다.

☐ 교통수단이 발달하여 이동하기에 편리합니다.

정답과 해설 24쪽

교과서 내용 읽기

1 도시는 많은 사람이 모여 살면서 정치, 경제, 사회, 문화 활동의 중심이 되는 곳입니다. 도시의 거리에는 많은 사람들이 오가고 아파트와 높은 건물이 ◆밀집해 있습니다. 사람들이 일할 수 있는 회사나 공장도 많습니다. 도시에는 도로들이 복잡하게 연결되어 있고, 기차와 전철, 버스 등 다양한 교통수단이 발달하여 관련한 시설이 많습니다. 또한 도시에는 경찰서, 소방서, 시청이나 구청과 같은 공공 기관과 병원 등과 같은 편의 시설, 백화점이나 대형 할인점과 같은 상점 등이 많습니다. 도서관이나 미술관, 경기장, 공연장, 공원 등 여가 생활을 즐길 수 있는 시설도 쉽게 볼 수 있습니다.

2 도시의 사람들은 주로 아파트와 같은 공동 주택에서 모여 삽니다. 또한 도시에는 일자리가 많습니다. 회사나 공장에서 일하는 사람도 많고, 물건을 팔거나 음식을 만들어 파는 사람도 많습니다. 환자를 진료하거나 물건을 배달하는 등 사람들의 생활을 즐겁고 편리하게 해 주는 일을 하는 사람도 있습니다. 도시에 사는 사람들은 기차, 전철, 버스 등 다양한 교통수단을 이용하여 직장이나 다른 지역을 갈 때 편리하게 이동할 수 있습니다.

가

↑ 아파트

나

↑ 음식점에서 일하는 사람들

3 도시에서는 사람들이 백화점이나 대형 할인점에서 물건을 편리하게 삽니다. 공공 기관이나 편의 시설이 가까이에 있어 쉽게 이용할 수도 있습니다. 그리고 영화관이나 공연장과 같은 문화 시설과 경기장이나 체육관과 같은 체육 시설, 공원이나 놀이 공원 등도 많아 이곳에서 다양한 여가 생활을 즐기기도 합니다.

◆ 밀집하다 빈틈없이 빽빽하게 모이다.

1 빈칸에 들어갈 알맞은 말을 쓰세요.

> (   )은/는 많은 사람이 모여 살면서 정치, 경제, 사회, 문화 활동의 중심이 되는 곳입니다.

2 도시에서 주로 볼 수 있는 모습으로 알맞지 <u>않은</u> 것은 무엇인가요?   [   ]

① 다양한 교통수단
② 멀리에 있는 편의 시설
③ 많은 사람들이 오가는 거리
④ 밀집해 있는 아파트와 높은 건물
⑤ 곳곳에 있는 백화점과 대형 할인점

3 도시에서의 삶의 모습으로 알맞은 것은 무엇인가요?   [   ]

① 소방서, 경찰서 등의 공공 기관이 부족합니다.
② 사람들은 주로 단독 주택에서 따로 떨어져 삽니다.
③ 교통시설이 부족하여 다른 지역으로 이동하는 것이 어렵습니다.
④ 생활을 즐겁고 편리하게 해 주는 일과 관련한 일자리가 많습니다.
⑤ 문화 시설과 체육 시설 등이 부족하여 여가 생활을 즐기기 어렵습니다.

자료 읽기

4 가 와 나 로 알 수 있는 내용으로 알맞은 것을 <u>두 가지</u> 고르세요. [,   ]

① 가 - 도시에는 아파트에 사는 사람이 많습니다.
② 가 - 도시 사람들은 다양한 여가 생활을 즐깁니다.
③ 나 - 도시에는 일자리의 종류가 다양합니다.
④ 나 - 도시 사람들은 다양한 교통수단을 이용합니다.
⑤ 가 , 나 - 도시에서의 생활은 불편한 점이 많습니다.

정리하기

 23, 24일차에서 공부한 내용을 정리하면 교과서 개념이 완성돼!

도시: ❶ (많은 , 적은) 사람이 모여 살면서 정치, 경제, 사회, 문화 활동의 중심이 되는 곳

도시의 특징

• 아파트와 높은 건물이 밀집해 있고, 회사나 공장이 많음.

• 도로가 복잡하게 연결되어 있고, 교통수단이 발달하였음.

• 공공 기관과 병원 등의 ❷ ☐☐☐☐ 이/가 많음.

• 백화점과 대형 할인점, 문화 시설과 체육 시설 등이 많음.

도시에서의 삶의 모습

• 일자리가 ❸ (많고, 적고), 사람들이 주로 공동 주택에서 삶.

• 교통수단이 발달하여 편리하게 이동할 수 있음.

• 물건을 쉽게 살 수 있고, 공공 기관과 편의 시설을 이용하기에 좋음.

• 다양한 ❹ ☐☐ 생활을 즐길 수 있음.

> 도시에는 생활을 편리하게 해 주는 다양한 시설이 많이 있네.

> 맞아. 그래서 도시에서 살면 편리한 점이 많아.

25일

여러 도시 모습 자료

지도와 사진으로 보는 도시의 모습 1

교과 연계

[초등 3~4학년]
도시의 특징과
도시 문제

[초등 5~6학년]
-

[중학교]
다양한 유형의 도시

[고등학교]
도시의 발달과
도시의 유형

교과서 속 어휘 알기

아빠, 저기에 큰 건물들은 어떤 곳이에요?

저건 물류 창고야. 우리 지역은 물류와 관련한 산업이 발달해서 물건을 보관하는 건물이 많지.

행정		
행하다	행	行
나라를 다스리는 일	정	政

법에 따라 나라의 발전과 국민의 행복을 위한 일을 하는 것

물류		
물건	물	物
옮겨가다	류	流

상품의 포장, 운반, 보관 등의 여러 활동을 이르는 말

예 물류 산업이 발달하였다.

산업		
생산하다	산	産
일	업	業

사람이 생활하는 데 필요한 것을 자연에서 얻거나 만들어 내는 모든 활동

교과서 자료 읽기

도시는 다양한 기능을 가지고 있고, 그 도시의 환경에 따라 발달한 기능이 달라.
교통이 발달한 부산광역시의 모습을 살펴보고 물음에 답해 보자.

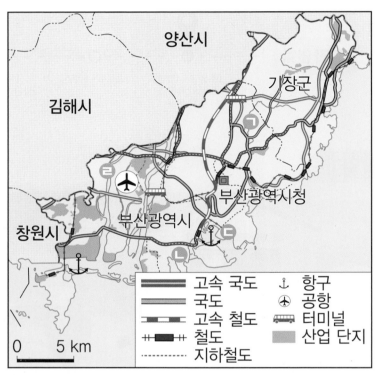

⬆ 부산광역시의 교통 및 산업도(2022년)

⬆ 경부 고속 국도

⬆ 부산역(KTX)

⬆ 부산항

⬆ 김해 국제공항

1 제시된 지도는 부산광역시의 **교통 및 산업도**예요. 이 지도를 보면 지역에 발달한 교통과 산업 단지 분포를 살펴볼 수 있어요. 지도와 사진을 함께 보면 부산광역시에 발달한 교통 시설을 확인할 수 있어요.

> **고르자** 교통 및 산업도로 지역의 교통 시설을 확인할 수 있습니다. (○ , ✕)

2 지도를 보면 부산광역시에는 **고속 국도와 국도**가 있어요. 국도는 나라에서 직접 관리하는 도로를 말해요. 국도 중에서 **고속 국도는 우리나라의 주요 도시를 잇는 자동차 전용 고속 도로**예요. ㉠ 경부 고속 국도는 서울특별시와 부산광역시 사이를 연결하는 주요 도로예요.

> **쓰자** 부산광역시에는 경부 ( )과/와 국도가 있어 자동차들이 오가기에 편리합니다.

3 지도에서 **고속 철도와 철도**도 확인할 수 있어요. 고속 철도는 매우 빠른 속도로 운행되는 KTX 같은 기차가 다니는 길이에요. 고속 철도를 이용하면 많은 사람이 빠르게 이동할 수 있어요. ㉡ 부산역은 부산광역시에서 KTX를 비롯한 기차를 타거나 내릴 때 이용하는 기차역이에요.

> **고르자** 부산광역시에는 고속 철도가 없습니다. (○ , ✕)

4 지도를 보면 바다와 맞닿은 곳에 **항구**가 있다는 것을 알 수 있어요. 부산광역시는 일찍부터 항구가 발달하였는데, ㉢은 부산광역시의 대표적인 항구인 부산항이에요. 부산항은 많은 화물선이 오고가는 곳으로, 선착장에는 수많은 ◆컨테이너가 있어요. 부산광역시는 **항구를 중심으로 물류 산업이 발달하였고, 배를 만드는 조선 공업도 발달**하였어요.

> **쓰자** 부산광역시는 항구를 중심으로 ( ) 산업과 조선 공업이 발달하였습니다.

5 지도에서 **공항**을 찾을 수 있어요. ㉣은 부산에 있는 김해 국제공항의 모습이에요. 김해 국제공항에는 **사람과 화물을 실은 비행기가 오가요.**

◆ 컨테이너 화물 수송에 주로 쓰는 쇠로 만들어진 큰 상자

자료 더 읽기

행정이 발달한 세종특별자치시와 관련한 지도와 그래프를 보고 물음에 답해 보자.

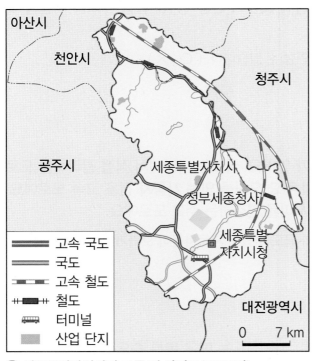

↑ 세종특별자치시의 교통 및 산업도(2022년)

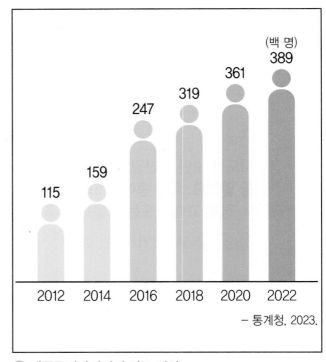

↑ 세종특별자치시의 인구 변화

- 통계청, 2023.

1 밑줄 그은 장소를 지도에서 찾아 ○ 표를 하세요.

> 세종특별자치시는 서울특별시에 집중되어 있는 주요 행정 기관을 옮기려고 2012년에 만든 도시입니다.
> 세종특별자치시에는 여러 행정 기관을 모아 만든 정부 세종 청사가 있습니다.

2 지도와 그래프를 보고 알 수 있는 내용이 맞으면 ○, 틀리면 ✕ 표를 하세요.

❶ 세종특별자치시에는 고속 국도와 철도가 지납니다. (   )

❷ 세종특별자치시에는 항구와 공항 등의 교통 시설이 있습니다. (   )

❸ 세종특별자치시의 인구는 2012년부터 2022년까지 계속 늘어났습니다. (   )

3 세종특별자치시에 대한 설명으로 알맞은 말을 고르세요.

❶ 고속 국도와 고속 철도가 지나 교통이 (편리 , 불편)합니다.

❷ 주요 행정 기관이 옮겨와 도시의 인구가 (늘었습니다 , 줄었습니다).

❸ 행정 기관이 모여 있어 (물류 , 행정) 분야와 관련한 산업이 발달하였습니다.

26일

여러 도시 모습 자료

교통과 행정이 발달한 도시의 모습

앞에서 공부한 내용을 떠올리며 챗봇 대화를 완성해 보자!

1 세종특별자치시는 어떤 도시야?

세종특별자치시는 (   ) 기능이 발달한 도시입니다.

2 세종특별자치시에서 그 기능이 발달한 이유가 뭐야?

서울특별시에 있던 주요 (행정 기관 , 편의 시설)을 옮기려고 만든 도시이기 때문입니다.

3 세종특별자치시는 교통도 발달했어?

네, 세종특별자치시에는 다음과 같은 교통 시설이 있습니다.

☐ 공항   ☐ 항구   ☐ 고속 국도   ☐ 고속 철도

정답과 해설 26쪽

교과서 내용 읽기

1 도시에는 많은 사람이 모여 살고, 다양한 산업이 발달합니다. 이에 따라 도시에는 교통, 행정, 공업, 관광 등의 기능이 나타납니다. 도시에 따라 이 기능 중에서 특정한 기능이 발달한 곳도 있고, 여러 기능이 고르게 발달한 곳도 있습니다.

2 부산광역시는 교통이 발달한 도시입니다. 다른 지역과 연결된 고속 국도와 국도, 고속 철도와 철도 등의 주요 도로와 철도가 지나고, 김해 국제공항 등의 다양한 교통이 발달하였습니다. 또한 바다와 맞닿아 있어 항구가 발달하였습니다. 부산항과 같은 큰 항구에서는 많은 컨테이너를 실은 화물선이 우리나라의 여러 지역과 다른 나라를 오갑니다. 이를 중심으로 물류 산업과 조선 공업 등이 발달하였습니다.

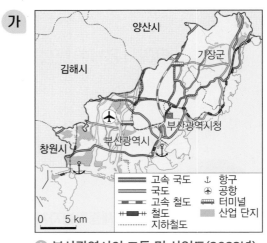

↑ 부산광역시의 교통 및 산업도(2022년)

3 세종특별자치시는 행정이 발달한 도시입니다. 세종특별자치시는 서울특별시에 집중되어 있는 행정 기능을 ◆분산하려고 만든 도시로 주요 행정 기관을 모아 만든 정부 세종 청사가 있습니다. 세종특별자치시를 만들면서 각 기관에서 일하는 직원과 직원의 가족들이 함께 이동하였고, 그 결과 도시의 인구가 크게 늘어났습니다. 세종특별자치시는 행정 분야와 관련한 산업이 발달하였고, 고속 국도와 철도 등이 지나 교통이 편리합니다.

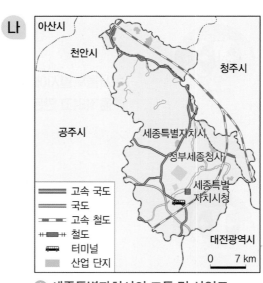

↑ 세종특별자치시의 교통 및 산업도 (2022년)

◆ 분산하다 갈라져 흩어지다, 또는 그렇게 되게 하다. 예 도시의 많은 인구를 분산할 필요가 있다.

1 이 글에 대한 설명으로 알맞은 것은 무엇인가요?　　　　　[✎　　　]

① 도시에는 산업이 발달하기 어렵습니다.

② 부산광역시에는 교통 시설이 부족합니다.

③ 부산광역시는 행정 기능이 발달한 도시입니다.

④ 세종특별자치시는 만들어진 이후로 인구가 줄어들었습니다.

⑤ 세종특별자치시는 서울특별시에 있던 행정 기관을 옮겨 만들었습니다.

자료 읽기

2 **가** 와 **나** 를 보고 알 수 있는 내용으로 알맞은 것은 무엇인가요?　　　[✎　　　]

① 부산광역시에는 바다를 이용한 교통수단이 없습니다.

② 부산광역시에는 행정 기관이 모여 있는 곳이 있습니다.

③ 세종특별자치시는 항구를 이용한 물류 산업이 발달하였습니다.

④ 두 지역 모두 고속 국도와 철도 등이 있어 교통이 발달하였습니다.

⑤ 부산광역시는 물류 산업이, 세종특별자치시는 조선 공업이 발달하였습니다.

3 부산광역시에서 볼 수 있는 모습으로 알맞지 <u>않은</u> 것은 무엇인가요?　[✎　　　]

① 컨테이너를 실은 화물선　　　　　② 국제공항을 이용하는 사람들

③ 정부 세종 청사로 출근하는 사람들　　④ 조선 공업 분야에서 일하는 사람들

⑤ 고속 국도를 이용해 다른 지역에 가는 사람들

자료 활용

4 세종특별자치시에서 볼 수 있는 모습으로 알맞은 사진을 고르세요.

↑ 항구의 모습

↑ 행정 기관이 모여 있는 모습

정리하기

✎ 25, 26일차에서 공부한 내용을 정리하면 교과서 개념이 완성돼!

도시에는 교통, 행정, 공업, 관광 등의 다양한 기능이 있음.

❶ [ ][ ] 이/가 발달한 도시

예 부산광역시: 고속 국도, 철도, 항구, 공항 등의 다양한 교통 시설이 있고, 발달한 교통수단을 이용한 ❷ (물류 , 행정) 산업과 조선 공업이 발달하였음.

❸ [ ][ ] 이/가 발달한 도시

예 세종특별자치시: 주요 ❹ (관광지 , 행정 기관)이/가 모여 있고, 교통이 편리함.

도시마다 발달한 기능이 있다는 것을 알게 되었어.

모험을 하며 새로운 내용을 배우는 것은 정말 신나는 일이야.

27일

여러 도시 모습 자료

지도와 사진으로 보는 도시의 모습 2

교과 연계

[초등 3~4학년]	[초등 5~6학년]	[중학교]	[고등학교]
도시의 특징과 도시 문제	–	다양한 유형의 도시	도시의 발달과 도시의 유형

교과서 속 어휘 알기

여행 잘 다녀왔니?

응. 공업 시설을 체험하고 주변 도시를 관광했는데, 정말 재미있었어. 내가 찍은 사진을 볼래?

공업		
만들다	공	工
일	업	業

원료를 사람이나 기계의 힘으로
가공하여 물자를 만드는 산업

예 우리 지역의 주요 산업은 공업이다.

관광		
보다	관	觀
풍경	광	光

다른 지역이나 다른 나라에 가서
그곳의 풍경, 문화 등을 구경하는 일

예 여름방학에 담양 지역을 관광하였다.

교과서 자료 읽기

도시 중에는 공업이 발달한 도시도 있어.
대표적인 공업 도시 중에 하나인 울산광역시의 지도와 사진을 살펴보고 물음에 답해 보자.

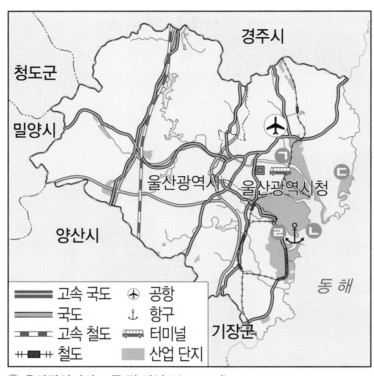

⬆ 울산광역시의 교통 및 산업도(2022년)

⬆ 자동차 공장

⬆ 석유 화학 공장

⬆ 조선소

⬆ 울산항

1 울산광역시는 다양한 공업이 발달한 도시예요. 지도의 ㉠~㉣의 위치에 사진 ㉠~㉣과 같은 공업 시설이 있어요. ㉠은 자동차를 만드는 공장과 자동차 개발을 위한 연구소예요. 자동차와 관련한 **대규모 공장이 만들어지면서 많은 사람이 울산광역시로 오게** 되었고, 인구가 크게 늘어 났어요.

  고르자 울산광역시에는 자동차를 만드는 (공장 , 행정 기관)이 있습니다.

2 울산광역시에는 **석유 화학 공업도 발달**하였어요. 석유 화학 공업은 석유와 천연가스를 이용해 여러 가지 ◆화학 제품을 만드는 공업이에요. ㉡은 울산광역시에 있는 석유 화학 공장이에요. 사 진을 보면 공장의 규모가 크다는 것을 알 수 있어요.

  쓰자 울산광역시에는 대규모의 석유 (   ) 공장이 있습니다.

3 울산광역시에는 **조선 공업**이 발달하였어요. 배를 만들거나 고치는 곳을 조선소라고 하는데, 울산광역시에는 ㉢과 같은 큰 규모의 조선소가 있어요.

  쓰자 울산광역시에는 배를 만들거나 고치는 (   )이/가 있습니다.

4 ㉣ 울산항은 동해와 맞닿아 있는 항구예요. 지도를 보면 자동차 공장, 석유 화학 공장, 조선소가 모두 항구 가까이에 있다는 것을 알 수 있어요. 자동차, 화학 제품, 배를 만드는 데 필요한 원료를 다른 나라에서 가져오고 그 원료로 제품을 만들어 다시 다른 나라에 팔 때 항구를 이용해요. 울 산광역시에는 **항구가 있어 다양한 공업이 발달할** 수 있었어요.

  쓰자 울산광역시에는 (   ) 가까이에 자동차 공장, 석유 화학 공장, 조선소가 있습니다.

  고르자 울산광역시에는 (공항 , 항구)이/가 발달하여 다양한 공업이 발전할 수 있었습니다.

◆ 화학 제품 화학 비료, 염료 등 화학 공업으로 생산한 제품

129

자료 더 읽기

관광이 발달한 전북특별자치도 **전주시의 지도와 사진을 보고 물음에 답해 보자.**

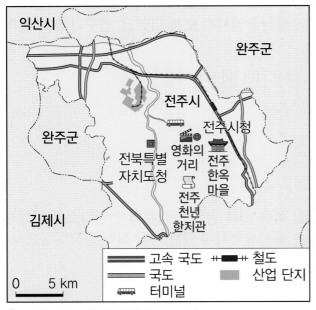

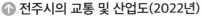

↑ 전주시의 교통 및 산업도(2022년)

↑ 전주 한옥 마을

1 지도를 보고 알 수 있는 내용이 맞으면 ○, 틀리면 ✕ 표를 하세요.

❶ 전주시에는 전주 한옥 마을, 영화의 거리 등이 있습니다. (   )

❷ 전주시에는 고속 국도는 지나지만, 철도는 지나지 않습니다. (   )

❸ 사람들은 국도와 철도를 이용하여 전주시의 관광지에 갈 수 있습니다. (   )

❹ 전주 한옥 마을에는 오늘날에 지은 다양한 모습의 집들이 모여 있습니다. (   )

2 다음 내용을 보고, 학생이 방문한 관광지를 지도에서 찾아 ○ 표를 하세요.

> 저는 우리나라의 한지에 대해서 관심이 많아요.
> 그래서 전주시를 갔을 때 한지 만들기를 할 수 있는 곳에 갔어요.
> 한지를 만들며 전통문화를 체험할 수 있어서 좋았어요.

28일

여러 도시 모습 자료

공업과 관광이 발달한 도시의 모습

앞에서 공부한 내용을 떠올리며 챗봇 대화를 완성해 보자!

> **1** 이번에 전주시에 놀러가기로 했는데,
> 전주시는 어떤 곳이야?

전주시는 (공업 , 관광)이 발달한 도시로, 우리나라의
전통문화를 체험할 수 있는 곳들이 많이 있습니다.

> **2** 전주시에서 가면 좋을 곳을 추천해 줄래?

전주시의 여러 관광지 중에 영화와 관련한 다양한 체험
을 할 수 있는 (영화의 거리 , 석유 화학 공장)을/를 추천
합니다.

교과서 내용 읽기

1 울산광역시는 우리나라의 대표적인 공업 도시입니다. 울산광역시는 1960년대에 산업 단지가 만들어지면서 공업이 발달하기 시작하였습니다. 공업은 원료와 제품을 싣거나 내리고, 큰 화물선이 드나들 수 있는 항구 주변에 발달하는 경우가 많습니다. 울산광역시에는 규모가 크고 겨울에도 바다가 얼지 않아 언제든지 이용할 수 있는 울산항이 있어 공업이 발달할 수 있었습니다.

2 울산광역시에는 자동차 공업, 석유 화학 공업, 조선 공업 등이 발달하였습니다. 공업이 발달하면서 일자리를 얻으려고 울산광역시로 오는 사람이 많아졌고, 이에 따라 도시의 인구가 늘어났습니다. 울산광역시에 공업이 발달하고 많은 사람이 모이면서 도시의 교통도 발달하였습니다. 울산광역시에는 울산항뿐만 아니라 울산 공항이 있고, 고속 국도와 고속 철도 등이 지납니다.

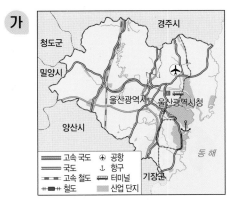

↑ 울산광역시의 교통 및 산업도 (2022년)

3 관광 산업이 발달한 도시도 있습니다. 전북특별자치도 전주시는 국가유산과 전통문화가 남아 있는 대표적인 관광 도시입니다. 전주시에는 박물관과 우리나라 전통 가옥인 한옥들이 모여 있는 전주 한옥 마을, 한지 만들기 체험을 할 수 있는 전주 천년 한지관 등이 있습니다. 영화의 거리에서는 전주 국제 영화제와 같은 다양한 문화 행사가 열리기도 합니다.

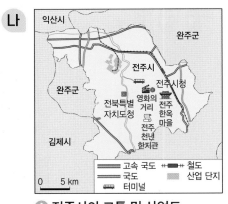

↑ 전주시의 교통 및 산업도 (2022년)

4 전주시에 관광 산업이 발달하면서 관광객 수도 크게 늘어났습니다. 관광객 수가 늘어나면서 관광을 돕거나 상점에서 일하는 사람들도 많아졌습니다. 전주시를 찾는 사람이 많아지면서 고속 국도와 철도 등의 교통도 발달하였습니다.

1 울산광역시의 특징으로 알맞지 <u>않은</u> 것은 무엇인가요?　　　[✎　　]

① 우리나라의 대표적인 공업 도시입니다.

② 1960년대에 산업 단지가 만들어졌습니다.

③ 공업이 발달하기에 좋은 환경을 갖추고 있습니다.

④ 울산항은 겨울에 주변 바다가 얼어 이용하기 힘듭니다.

⑤ 일자리를 찾아 울산광역시로 오는 사람이 많아졌습니다.

자료 읽기

2 가 를 보고 할 수 있는 말로 알맞은 것을 고르세요.

☐ 바다와 맞닿은 곳에 산업 단지가 있어요.

☐ 고속 도로와 철도, 항구는 있지만 공항이 없어요.

☐ 고속 철도 근처에 자동차 공장과 석유 화학 공장이 있어요.

자료 읽기

3 나 에 대한 설명으로 알맞은 것을 보기 에서 모두 골라 기호를 쓰세요.

[　　　,　　　]

보기

㉠ 전주시에는 다양한 공업 시설이 있습니다.

㉡ 전주시에는 전통문화와 관련한 관광지가 있습니다.

㉢ 전주시는 고속 국도와 철도 등의 교통이 발달하였습니다.

4 전주시에 대한 설명으로 알맞은 내용을 <u>두 가지</u> 고르세요.　　[✎　　,　　]

① 행정 기능이 발달한 도시입니다.

② 문화 행사가 열리는 관광지가 있습니다.

③ 공업과 관련한 일을 하는 사람이 많습니다.

④ 국가유산과 전통문화가 남아 있는 도시입니다.

⑤ 전통 한옥이 모여 있는 전주 천년 한지관이 있습니다.

정리하기

 27, 28일차에서 공부한 내용을 정리하면 교과서 개념이 완성돼!

❶ [ ][ ]이/가 발달한 도시

예 울산광역시: 공업이 발전하기에 좋은 ❷ (항구 , 관광지)가 있어 자동차 공업, 석유 화학 공업, 조선 공업 등이 발달하였고, 고속 국도, 철도, 항구, 공항 등이 있어 교통이 발달하였음.

❸ [ ][ ]이/가 발달한 도시

예 전주시: 국가유산과 전통문화가 남아 있어 관광이 발달하였고, 관광객이 ❹ (늘어나면서 , 줄어들면서) 교통이 발달하였음.

우리가 살펴본 도시들은 모두 교통이 발달한 것 같아.

맞아. 산업의 발달은 교통의 발달과 관계가 깊어.

29일

도시 문제 **자료**

사례로 보는 도시 문제

| [초등 3~4학년] 도시의 특징과 도시 문제 | [초등 5~6학년] – | [중학교] 다양한 유형의 도시 | [고등학교] 도시의 환경 문제, 주거 문제 |

교과서 속 어휘 알기

살고 있는 도시를 소개해 주세요.

예전에는 이곳에 도시 문제가 심각하였는데 최근에는 문제들이 해결되면서 삶의 질이 높아졌어요.

도시 문제

도시	도	都
시가	시	市
묻다	문	問
물음	제	題

도시에서 주택, 교통, 범죄 등의 원인으로 일어나는 사회 문제

예 쓰레기로 인한 도시 문제가 심각하다.

삶의 질

살아가는 것으로부터 얻어지는 가치, 의미, 만족의 정도

예 여가 시간이 늘어나면서 삶의 질이 높아졌다.

교과서 **자료** 읽기

도시에 살면 편리한 점도 있지만, 불편한 점도 있어.
사례를 보며 도시 문제를 알아보고 물음에 답해 보자.

가

나

다

1 가 ~ 다 는 도시 문제 사례를 그림으로 표현한 자료예요. 가 는 주택과 관련한 도시 문제 사례를 나타내고 있어요. ㉠은 주택이 부족해 어려움을 겪는 모습이에요. 도시에 사는 사람이 많아지면서 도시에는 **주택 부족 문제**가 일어나고 있어요. ㉡은 주택이 낡아서 어려움을 겪는 모습이에요. 도시에는 **주택이** ◆**노후화**되어 다시 지어야 하는 경우도 있어요.

> **고르자** 도시에 사는 인구가 줄어들면서 주택 부족 문제가 일어나고 있습니다. (○ , ×)

2 나 는 교통과 관련한 도시 문제 사례예요. 도시에 사는 사람들이 늘어나면서 자동차도 많아졌어요. 이에 따라 ㉢과 **같이 길이 막히거나** ㉣과 같이 **주차 공간이 부족한 문제**가 일어나요.

> **고르자** 도시에는 (㉢ , ㉣)과 같은 주차 공간 부족 문제가 일어납니다.

> **고르자**

교통과 관련한 다른 도시 문제 사례로 알맞은 것을 골라 볼래?

☐ 편의 시설이 부족합니다.

☐ 교통사고가 많이 일어납니다.

3 다 를 보면 도시에서 일어나는 안전 문제를 알 수 있어요. ㉤은 어둡고 사람이 많이 다니지 않는 거리의 모습이에요. 이러한 곳에서는 **범죄가 일어날 수 있어** 위험해요. ㉥처럼 **관리가 되지 않는 건물에서는** 사람들이 다칠 수 있어요.

4 이처럼 도시에는 다양한 도시 문제가 발생해요. 도시 문제가 발생하면 도시에 사는 사람들의 삶의 질이 떨어질 수 있어요.

> **고르자**

제가 사는 아파트는 노후화되어 살기에 불편해요. 그리고 자동차를 주차할 곳이 부족해서 이웃과 싸우기도 해요.

왼쪽 사람이 겪고 있는 도시 문제 두 가지를 자료에서 찾아 ○ 표를 해 보자.

◆ 노후화 오래되거나 낡아서 쓸모가 없게 됨.

자료

자료 더 읽기

환경과 관련한 도시 문제도 있어. 관련한 사례를 살펴보고 물음에 답해 보자.

공장에서 나오는 폐수로 하천이 오염되고 있어요.

㉠ 쓰레기를 처리할 시설이 부족해서 불편해요.

1 자료에 대한 설명으로 알맞은 말을 고르세요.

❶ 도시의 (문제 , 편리함)을/를 보여 주고 있습니다.

❷ (주택 , 환경)과 관련한 도시 문제를 나타내고 있습니다.

2 ㉠을 보고, 위 그림에 추가할 수 있는 알맞은 모습을 고르세요.

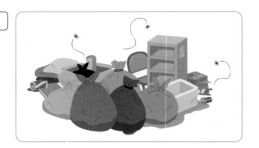

3 사례를 보고 알 수 있는 내용이 맞으면 ○, 틀리면 ✕ 표를 하세요.

❶ 폐수로 도시의 하천이 오염되고 있습니다. (   )

❷ 도시에는 쓰레기를 버리고 처리하는 시설이 충분합니다. (   )

❸ 도시에 환경 문제가 발생하면 사람들의 삶의 질이 높아집니다. (   )

30일

도시 문제 **자료**

도시 문제와 해결하려는 노력

앞에서 공부한 내용을 떠올리며 챗봇 대화를 완성해 보자!

1 도시에 살면 편리한 점만 있어?

아니요, 도시에서는 주택, 교통, 환경, 안전 등과 관련한
다양한 (　　　　　　)을/를 겪기도 합니다.

2 교통 문제에는 어떤 것이 있어?

☐ 주차 공간이 충분합니다.
☐ 차가 많아서 길이 막힙니다.

3 도시 문제 중에서 환경과 관련한 문제를 알려 줘.

공장에서 나오는 (　　　　　　)(으)로 하천이 오염되고,
쓰레기 처리 시설이 부족해서 쓰레기가 많습니다.

교과서 내용 읽기

1 도시에 살면 편리한 점도 있지만, 도시 문제로 불편을 겪기도 합니다. 도시에는 많은 인구가 모이면서 주택 문제, 교통 문제, 환경 문제, 안전 문제 등 다양한 도시 문제가 발생합니다.

2 도시에 많은 사람이 살면서 주택 부족 문제가 일어납니다. 이에 따라 살 집을 구하는 데 어려움을 겪는 사람들이 있습니다. 또한 주택이 노후화되어 다시 지어야 하는 경우도 있습니다. 도시의 교통 문제도 사람들에게 불편함을 줍니다. 도시에는 차가 많아서 도로가 자주 막히고 혼잡한 경우가 많습니다. 교통사고도 자주 일어납니다. 많은 차를 주차할 만큼 주차 공간이 충분하지 않아 문제가 일어나기도 합니다.

3 도시에는 환경 문제도 발생합니다. 공장에서 나오는 폐수로 인해 하천이 오염되고, 매연으로 공기가 나빠집니다. 쓰레기를 처리하는 시설이 부족해서 길이나 도로에 쓰레기가 쌓여 있거나 쓰레기 분리배출이 제대로 되어 있지 않은 경우도 많습니다. 안전 문제도 도시 문제 중 하나입니다. 사람이 많이 다니지 않는 곳에서는 범죄가 일어날 수 있고, 관리가 제대로 되지 않는 건물이나 시설에서 사람이 다칠 수도 있습니다.

4 이러한 도시 문제를 해결하기 위하여 지역 사회와 공공 기관에서는 다양한 노력을 하고 있습니다. 먼저 주택 문제를 해결하려고 주택을 많이 짓고 낡은 주택을 ◆정비합니다. 교통 문제 해결을 위해 대중교통 수단을 늘리고, 주차 공간이 부족한 곳에는 ◆공영 주차장을 만들고 있습니다. 또한 환경 문제 해결을 위해 쓰레기를 태우거나 묻을 수 있는 시설을 만들고, 쓰레기를 분리배출할 수 있는 시설을 늘리기도 합니다. 그리고 범죄를 예방하고자 안심 귀갓길을 표시하고 곳곳에 폐쇄 회로 텔레비전(CCTV)을 설치하고 있습니다. 이러한 노력과 관심으로 살기 좋은 도시를 만들면 도시 사람들의 삶의 질을 높일 수 있습니다.

◆ 정비하다 도로나 시설 등이 제 기능을 하도록 정리하다.
◆ 공영 공공 기관에서 공공의 이익을 위하여 경영하거나 관리하는 것

1 빈칸에 들어갈 알맞은 말을 쓰세요.

> 도시에 인구가 모이면서 주택 문제, 교통 문제, 환경 문제, 안전 문제 등과 같은 다양한 (   )이/가 발생합니다.

2 도시 문제 사례로 알맞지 <u>않은</u> 것은 무엇인가요?　　　　　　　[✐　　　]

① 교통 혼잡　　　　　② 하천 오염　　　　　③ 주택 노후화
④ 주차 공간 부족　　　⑤ 안심 귀갓길 설치

자료 읽기

3 다음 그림에 나타난 도시 문제에 대한 설명으로 알맞은 것은 무엇인가요?

[✐　　　]

① 도시에서 일어나는 교통 문제입니다.
② 공장의 폐수로 하천이 오염되고 있습니다.
③ 주택이 노후화되어 불편을 주고 있습니다.
④ 건물이 제대로 관리되지 않아 생긴 문제입니다.
⑤ 도시 문제를 해결하려는 노력을 보여 주고 있습니다.

4 도시 문제와 도시 문제를 해결하려는 노력을 선으로 연결하세요.

❶ 안전 문제	•	•	㉠ 공영 주차장을 만듦.
❷ 주택 노후화	•	•	㉡ 낡은 주택을 정비함.
❸ 주차 공간 부족	•	•	㉢ 쓰레기를 태우거나 묻는 시설을 만듦.
❹ 쓰레기 처리 시설 부족	•	•	㉣ 폐쇄 회로 텔레비전(CCTV)을 설치함.

정리하기

 29, 30일차에서 공부한 내용을 정리하면 교과서 개념이 완성돼!

도시에 많은 인구가 모이면서 ❶ ☐☐☐☐ 이/가 발생함.

다양한 도시 문제

- 주택 문제: 주택 부족, 주택 노후화 등
- 교통 문제: 교통 혼잡, ❷ (공공 기관 , 주차 공간) 부족 등
- 환경 문제: 하천 오염, 쓰레기 처리 시설 부족 등
- 안전 문제: 범죄 발생 등

도시 문제를 해결하려는 노력

- 주택을 ❸ (많이 , 적게) 짓고, 낡은 주택을 정비함.
- 대중교통 수단을 늘리고, 공영 주차장을 만듦.
- 쓰레기 처리 시설을 만들고 분리배출 시설을 ❹ (늘림 , 줄임).
- 안심 귀갓길을 표시하고 폐쇄 회로 텔레비전(CCTV)을 설치함.

우리가 관심을 가지고 노력하면 도시 문제를 해결할 수 있을 거야.

도시 문제에 관심을 가지게 되었다니, 이번 모험도 성공이야!

도전! 어휘 퀴즈

섬을 모험하며
알게 된 어휘로
퀴즈를
풀어 보자!

가로 퀴즈

가로① 사람이 많이 모여 살며 정치, 경제, 사회, 문화 활동의 중심이 되는 곳

가로② 사람이 생활하는 데 필요한 것을 자연에서 얻거나 만들어 내는 모든 활동

가로③ 상품의 포장, 운반, 보관 등의 여러 활동을 이르는 말
예 ○○ 창고

가로④ 편하고 좋은 환경이나 조건을 갖춘 시설

세로 퀴즈

세로① 도시에서 주택, 교통, 범죄 등의 원인으로 일어나는 사회 문제

세로② 원료를 사람이나 기계의 힘으로 가공하여 물자를 만드는 산업

세로③ 법에 따라 나라의 발전과 국민의 행복을 위한 일을 하는 것

세로④ 살아가는 것으로부터 얻어지는 가치, 의미, 만족의 정도

스스로 평가해요! 자신 있는 만큼 색칠해서 나의 공부력 을 확인해 보세요.

친구에게 도시의 특징을
설명할 수 있나요?
☆☆☆☆☆

교통, 행정, 공업, 관광이 발달한
도시를 각각 말할 수 있나요?
☆☆☆☆☆

부모님께 도시 문제와
해결 방법을 설명할 수 있나요?
☆☆☆☆☆

내 마음대로 낙서장

끝까지 이끄는 힘

완자 공부력

4-2

교과서
문해력 | **사회 교과서 자료 독해**

정답과 해설

 책 속의 가접 별책 (특허 제 0557442호)

'정답과 해설'은 진도책에서 쉽게 분리할 수 있도록 제작되었으므로
유통 과정에서 분리될 수 있으나 파본이 아닌 정상 제품입니다.

정답과 해설
QR코드

visang

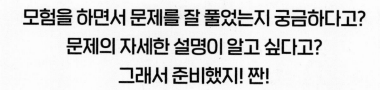

모험을 하면서 문제를 잘 풀었는지 궁금하다고?
문제의 자세한 설명이 알고 싶다고?
그래서 준비했지! 짠!

정답과 해설이 너의 길잡이가 되어 줄 거야!

교과서 문해력 사회 교과서 자료 독해 4-2

교과서 자료 읽기
본문 12~13쪽

2 ✕

3 투표

4 공동, 함께

6 ☑

---

2 학생들이 스스로 학교 행사를 계획하고, 운영하는 것은 학교에서 민주주의를 실천하는 모습이에요.

3 투표에 참여하여 나의 의견을 표현하는 것은 민주주의를 실천하는 모습이에요.

4 지역 공동의 일을 함께 의논하여 해결하는 것은 지역에서 민주주의를 실천하는 모습이에요.

6 제시된 내용에는 투표에 참여하여 자신의 의견을 나타내는 모습이 알맞아요.

자료 더 읽기
본문 14쪽

1 ❶ 학생 자치회 ❷ 학교

2 ❶ ○ ❷ ✕ ❸ ✕

3 ☑ 학교의 모든 학생이 참여할 수 있는 손 글씨 쓰기 행사 열기
☑ 전교생이 플라스틱 사용을 줄이는 방법을 체험할 수 있는 캠페인 진행하기

---

1 ❶ 학생 자치회는 학생 스스로 학교의 일을 운영하려고 만든 모임이에요. ❷ 학생 자치회는 학생 모두가 학교의 일에 참여할 수 있는 활동을 해요.

2 ❷ 학생 자치회는 학교의 일을 운영하려고 만든 모임이에요.
❸ 학생 자치회에서는 학생 모두가 학교의 일에 참여하는 활동을 해요.

3 학생 자치회는 학생 모두가 학교의 일에 참여하는 활동을 운영해요.

복습하기
본문 15쪽

1 Ⓥ 네, 학교에서도 민주주의 모습이 나타납니다. 2 투표, 의견

교과서 내용 읽기
본문 16~17쪽

1 우리는 다양한 사람들과 함께 살아갑니다. 여러 사람이 함께 살아가다 보면 결정해야 할 공동의 일이나 문제가 생깁니다. 사람들은 공동의 일을 결정하거나 문제를 해결하는 과정에 참여할 수 있습니다. 이처럼 모든 사람이 공동체를 이루는 구성원으로서 공동의 일을 결정하는 데 자유롭고 평등하게 참여하는 것을 민주주의라고 합니다.

민주주의의 의미
⋯ 민주주의는 공동의 일에 자유롭고 평등하게 참여하는 것이에요.

내용을 이해한 정도만큼
나를 색칠해 봐!

쉬워.
사회 교과서를 완벽하게
이해할 수 있어.

조금 어려워.
틀린 문제를
다시 풀어 볼래!

많이 어려워.
교재를 다시
차근차근 공부할래!

2 우리는 일상생활 속에서 다양한 민주주의 모습을 확인할 수 있습니다. 먼저 학교에서 민주주의가 어떻게 이루어지고 있는지 살펴봅시다. 우리는 학급이나 학교의 규칙을 의논하여 함께 정하거나 <u>학교 행사를 직접 계획하고 참여합니다.</u> 또한 학
운동회, 체험 학습, 과학의 날 행사 등
급이나 학교의 일을 결정하는 투표에 참여하여 자신의 의견을 표현하기도 합니다.
학급 회장, 학생 회장을 뽑는 선거 등
이처럼 <u>학교 구성원인 학생들이 학교의 일에 적극적으로 의견을 내고 공동의 일을</u>
학교 자치의 의미
<u>결정하여 실천해 나가는 것을 학교 자치라고 합니다.</u>

⋯› 학교에서 학생들은 공동의 일을 결정할 때 적극적으로 의견을 내고 참여해요.

3 학교에서 학생 스스로 학교의 일을 운영하고자 만든 모임인 학생 자치회도 민주주의의 모습입니다. 학생 자치회는 전교생이 학교의 일에 적극적으로 참여할 수
학교 규칙을 만들거나 오래된 규칙을 고치기도 함.
있는 활동을 합니다. 학생들이 단합할 수 있는 활동을 운영하기도 하고, 학교의 일에 학생들의 의견을 듣고 이를 해결하기 위한 활동을 하기도 합니다.

⋯› 학생 자치회는 전교생이 학교 자치에 참여할 수 있는 다양한 활동을 해요.

4 학교뿐만 아니라 지역이나 나라의 일을 결정할 때도 많은 사람이 참여할 수 있습니다. 지역 주민들이 지역의 일을 의논하여 함께 결정하고, <u>지역 행사를 직접 계</u>
지역을 알리는 문화 행사, 지역 주민 체육 대회 등
<u>획하거나 지역 행사에 참여하기도 합니다.</u> 또한 지역의 일을 결정하는 투표에 참여하여 자신의 의견을 표현하는 것도 민주주의의 모습이라고 할 수 있습니다.

⋯› 지역에서는 지역 주민들이 지역의 일을 결정할 때 참여해요.

1 ❶ 공동 ❷ 참여	1 민주주의는 모든 사람이 공동체를 이루는 구성원으로서 공동의 일을 결정하는 데 자유롭고 평등하게 참여하는 것을 말해요.
2 ⑤	2 ⑤ 학생 자치회는 학교의 모든 학생이 학교 자치에 참여할 수 있는 일을 해요.
3 ❶ 규칙 ❷ 계획 ❸ 학생 자치회 ❹ 행사 ❺ 투표	3 ❶ 학급이나 학교의 규칙을 의논하여 함께 정하기, ❷ 학교 행사를 계획하고 참여하기, ❸ 학생 자치회 운영하기는 학교에서 민주주의를 실천하는 모습이에요. ❹ 지역의 행사를 계획하고 참여하기, ❺ 지역의 일을 결정하는 투표에 참여하기는 지역에서 민주주의를 실천하는 모습이에요.

❶ 민주주의 ❷ 학교 자치 ❸ 지역

정리하기
본문 18쪽

3

교과서 자료 읽기
본문 21쪽

1 토론

3 다수결

4 그림 그리기

5 · ×

· ☑ 구연동화를 할 때, 그림을 그려 동화책을 만들자는 의견을 내 보자.

1 여러 사람이 모여 의사 결정을 할 때는 대화와 토론의 과정을 거쳐야 해요.

3 대화와 토론으로 의견을 하나로 모으기 어려울 경우 다수결의 원칙으로 의사를 결정할 수 있어요.

4 다수결의 원칙은 많은 사람의 의견에 따라 결정하는 의사 결정 방법이에요. 그림 그리기를 하고 싶은 학생이 구연동화를 하고 싶은 학생보다 많으므로 학급 활동은 그림 그리기로 결정해요.

5 ・다수가 원하는 의견으로 결정되어도 소수의 의견을 존중해야 해요.
・다수의 의견을 따르더라도 소수의 의견이 무시되지 않게 존중해야 하므로 그림 그리기를 하고 싶어 하는 친구들의 의견을 존중해야 해요.

자료 더 읽기
본문 22쪽

1 ❶ ○ ❷ × ❸ ×

2 ☑ 율동하기

3 ❶ 다수결 ❷ 소수
❸ 존중

1 ❷ 응원 방법에 대해 '노래하기', '율동하기', '응원 카드 만들기' 등 세 가지 의견이 나왔어요. ❸ '율동하기'는 가장 많은 학생이 선택한 응원 방법이므로 다수의 의견이에요.

2 가장 많은 학생이 선택한 응원 방법은 '율동하기'예요.

3 ❶ 다수결의 원칙에 따라 운동회 응원 방법을 결정하였어요. ❷ '노래하기'와 '응원 카드 만들기'는 소수, '율동하기'는 다수의 의견이에요. ❸ 다수결의 원칙을 따를 때는 소수의 의견도 존중해야 해요.

복습하기
본문 23쪽

1 ☑ 많은 사람의 의견에 따라 의사를 결정하는 방법입니다.   2 박물관, 미술관, 존중

교과서 내용 읽기
본문 24~25쪽

1 우리가 살아가는 사회에는 함께 해결해야 할 다양한 문제가 있습니다. 이러한 문제를 해결하기 위해 가장 적절한 대안을 찾는 것을 의사 결정이라고 합니다. 어떤 문제를 해결하고자 <u>의사 결정을 할 때는 충분한 대화와 토론의 과정을 거쳐야 합니다.</u> 대화와 토론을 하면 다양한 의견이 나오는데, 그 의견들의 장단점 등을 따져 보는 것이 중요합니다. 이때 서로 양보하고 협의하여 의견 차이를 좁히고 의견을 하나로 모아야 합니다.

의사 결정을 하는 데 필요한 자세

⋯→ 여러 사람이 모여 의사 결정을 할 때는 충분한 대화와 토론의 과정을 거쳐야 해요.

내용을 이해한 정도만큼 나를 색칠해 봐!

쉬워.
사회 교과서를 완벽하게 이해할 수 있어.

조금 어려워.
틀린 문제를 다시 풀어 볼래!

많이 어려워.
교재를 다시 차근차근 공부할래!

2 그러나 충분한 대화와 토론으로도 의견이 하나로 모이지 않을 때가 있습니다. 이때는 다수결의 원칙을 따릅니다. 다수결의 원칙은 <u>많은 사람의 의견에 따라서 내용을 결정하는 것입니다.</u>
_{다수결의 원칙의 의미}
다수결의 원칙에 따르면, <u>많은 사람의 의견을 반영해 의사결정을 할 수 있습니다.</u>
_{다수결의 원칙의 장점}
그러나 다수의 의견이 항상 옳은 것은 아니며, 소수의 의견이 합리적일 수도 있습니다. <u>따라서 다수의 의견으로 결정하더라도 소수의 의견도 존중해야 합니다.</u>
_{다수결의 원칙을 따를 때 주의할 점}
…▸ 의견이 하나로 모이지 않을 때는 다수결의 원칙을 따라요.

3 이처럼 사람들의 다양한 생각과 의견을 존중하는 것은 민주주의의 기본이라고 할 수 있습니다. 민주주의를 실천하려면 먼저 <u>공동의 일에 적극적으로 참여해야 합니다.</u>
_{민주주의 실천에 필요한 자세 ①}
의견을 하나로 모을 때는 <u>나와 다른 의견이나 생각을 존중하고 포용하려는 관용의 자세와</u>
_{민주주의 실천에 필요한 자세 ②}
<u>의견이 옳은지 그른지를 따져 보는 비판적 태도를 지녀야 합니다.</u> 그리고
_{민주주의 실천에 필요한 자세 ③}
<u>서로 양보하고 협의하는 타협의 자세도 필요합니다.</u> 마지막으로 <u>민주적인 과정을 거쳐 결정된 일은 실천하려는 태도를 지녀야 합니다.</u>
_{민주주의 실천에 필요한 자세 ④}
_{민주주의 실천에 필요한 자세 ⑤}
…▸ 민주주의에서 의견을 모을 때는 관용, 비판적 태도, 타협, 실천 등의 태도가 필요해요.

---

1 ⑤

1 ① 의사 결정은 문제를 해결하기 위한 적절한 대안을 찾는 것이에요. ② 대화와 토론만으로 의견 차이를 좁히기 어려울 경우 다수결의 원칙에 따라야 해요. ③ 다수의 의견이 항상 옳은 것은 아니므로 소수의 의견을 존중해야 해요. ⑤ 민주주의의 기본은 다양한 생각과 의견을 존중하는 것이에요.

2 ⓒ, ㄹ

2 ㉠ 토론으로 의견 차이를 좁히지 못해 투표를 하였어요. ㉡ 다수결의 원칙에 따르면, '악기 배우기'를 선택한 학생이 14명으로 가장 많았으므로 특별 활동 주제는 '악기 배우기'예요.

3 ❶ - ⓒ ❷ - ㉠
　 ❸ - ㉡

3 ❶ 관용은 나와 다른 의견이나 생각을 존중하고 포용하려는 자세를 말해요. ❷ 타협은 서로 양보하고 협의하는 자세예요. ❸ 비판적 태도는 의견이 옳은지 그른지를 따져 보는 자세예요.

---

❶ 의사 결정 ❷ 다수결 ❸ 존중 ❹ 실천

정리하기
본문 26쪽

교과서 자료 읽기

본문 29쪽

1 지역의 일

2 · ○
　· ×

3 Ⅴ 놀이터의 낡은 놀이기구 교체
　Ⅴ 길을 건널 수 있는 횡단보도 설치

4 Ⅴ

1 주민 총회는 지역 주민들이 지역의 일을 논의하기 위해 여는 회의예요.

2 지역 주민들은 한자리에 모여 서로 어울리고 단합하기 위해 직접 지역 축제를 열기도 해요.

3 주민들은 생활 속 불편을 개선하도록 지역의 시설물을 설치해 달라고 제안할 수 있어요. 우리 집 공기 청정기를 수리하는 일은 지역의 일이 아닌 우리 가족의 일이에요.

4 주민들은 지역을 더 살기 좋은 곳으로 만들기 위해 캠페인을 벌이기도 해요.

자료 더 읽기

본문 30쪽

1 ❶ × ❷ ○

2 Ⅴ 　지역 주민 누구나 참여할 수 있는 건강 프로그램!

1 ❶ 지역 주민을 위한 프로그램을 기획하는 것과 같이 주민들이 지역의 일에 직접 참여하는 것은 주민 자치의 모습이에요.

2 제시된 사진은 주민들이 지역 주민을 위한 프로그램을 기획한 것이에요. 주민들은 지역 주민을 위한 다양한 프로그램을 기획하고 운영해요.

복습하기

본문 31쪽

1 Ⅴ 지역 주민들이 지역의 일을 스스로 결정하고 처리하는 것입니다.

2 Ⅴ 지역 축제를 직접 열거나 지역 축제에 참여하는 주민 자치 활동을 합니다.

3 주민 총회

교과서 내용 읽기

본문 32~33쪽

1 우리가 사는 지역에는 많은 주민이 함께 살아갑니다. 주민은 일정한 지역 안에서 사는 사람들을 말합니다. 주민들은 지역의 일을 스스로 결정하고 처리하는데 이것을 주민 자치라고 합니다.
주민 자치의 의미
⋯ 주민 자치는 지역의 일을 주민 스스로 결정하고 처리하는 것을 말해요.

2 지역에서는 다양한 주민 자치의 모습을 확인할 수 있습니다. 주민들은 지역에 필요한 일을 제안하거나 지역의 일을 의논할 때 주민 총회를 엽니다. 지역 축제를 열어서 주민들이 함께 어울리며 단합하기도 합니다. 주민들이 사용하는 시설의 수리나 필요한 시설의 설치를 제안하는 것도 주민 자치의 모습입니다.
주민들이 모여서 지역의 일에 관하여 논의하는 제도
⋯ 주민 총회, 지역 축제 참여, 지역의 시설 수리 및 설치 제안 등은 주민 자치의 모습이에요.

내용을 이해한 정도만큼
나를 색칠해 봐!

쉬워.
사회 교과서를 완벽하게
이해할 수 있어.

조금 어려워.
틀린 문제를
다시 풀어 볼래!

많이 어려워.
교재를 다시
차근차근 공부할래!

3 주민들은 지역 주민들에게 필요한 문화 및 체육 프로그램을 만들고, 프로그램
에 직접 참여하기도 합니다. 지역에 있는 학생들을 위한 다양한 프로그램을 만들기
도 합니다. 그리고 더 안전하고 깨끗한 지역을 만들기 위한 캠페인 활동을 하기도
합니다.

노인을 위한 건강 관련 프로그램, 컴퓨터 교실 등

지역의 소방서, 경찰서 등의 기관과 함께 활동하기도 함.

↑ 지역 주민이 학생을 가르치는 모습

↑ (　　　　　　⊙　　　　　　)

⋯→ 주민과 학생들을 위한 프로그램 만들기, 지역과 관련한 캠페인 활동도 주민 자치의 모습이에요.

4 지역의 일을 왜 지역 주민 스스로 결정하고 처리해야 할까요? 지역에서 일어
나는 일은 지역마다 다르고, 지역 주민의 생활에 직접적으로 영향을 주기 때문입니
다. 또한 지역에서 일어나는 일은 그 지역에 사는 주민들이 가장 잘 알기 때문에 지
역 주민들이 참여하면 그 지역의 문제를 효과적으로 해결할 수 있습니다. 따라서 주
민들은 지역문제에 관심을 가지고 주민 자치에 적극적으로 참여해야 합니다.

주민 자치가 필요한 까닭 ①

주민 자치가 필요한 까닭 ②

지역문제 해결을 위해 주민들이 가져야 할 자세

⋯→ 지역의 일에 지역 주민이 관심을 가지고 적극적으로 참여해야 해요.

1 주민 자치	1 주민 자치는 주민들이 지역의 일을 스스로 결정하고 처리하는 것을 말해요.
2 ④	2 ④ 주민 자치는 우리 집이 아닌 지역 주민이 함께 사용하는 시설을 설치해 달라고 제안하는 것이에요.
3 ⑤	3 ⑤ 주민들은 지역을 더 살기 좋은 곳으로 만들기 위해 캠페인을 벌이기도 해요.
4 ③, ⑤	4 지역에서 일어나는 일은 그 지역에 사는 주민들이 가장 잘 알고, 주민들의 참여로 지역문제를 효과적으로 처리할 수 있기 때문에 주민 자치가 필요해요.

❶ 주민 자치 ❷ 총회 ❸ 지역 주민이 함께 쓰는 ❹ 다름

정리하기
본문 34쪽

교과서 자료 읽기
본문 37쪽

1 학생들의 안전을 위해서

2 • 옐로 카펫
  • 지역 주민
  • 어린이의 안전
  • 횡단보도

3 지역 주민, 안전

4 주민이 지역의 일에 관심을 가지고 행동하면 더 살기 좋은 지역이 될 수 있구나.

1 주민들이 지역의 문제를 해결하기 위해 노력한 내용을 담은 신문 기사예요.

2 제시된 기사는 학교 앞 횡단보도에 설치된 옐로 카펫에 대한 기사로, 지역 주민이 어린이의 안전을 위해 시설 설치를 제안하였어요. 그 결과 지역 초등학교 학생들은 더욱 안전하게 횡단보도를 이용할 수 있게 되었어요.

3 제시된 기사는 지역 주민이 어린이들의 안전을 위해서 초등학교 앞 횡단보도에 옐로 카펫의 설치를 제안하여 시설이 설치되었다는 내용을 담고 있어요.

4 지역에 해결해야 할 일이나 문제가 생기면 주민들이 지역의 주인으로서 지역의 일을 스스로 결정하고 처리해야 더 살기 좋은 지역을 만들 수 있어요.

자료 더 읽기
본문 38쪽

1 ❶ 제목 ❷ 주민 자치

2 ❶ × ❷ ○

3 ☑ 많은 주민이 지역의 일에 적극적으로 참여하여

1 ❶ 기사의 제목을 보면 기사의 내용을 짐작할 수 있어요. ❷ 제시된 기사는 주민들이 주민 자치에 참여한 내용을 담고 있어요.

2 ❶ 주민들은 재활용 정거장 사업을 추진하였어요. ❷ 주민들은 지역의 쓰레기 문제 해결에 적극적으로 참여하였어요.

3 주민 자치는 주민들이 지역의 주인으로서 지역의 일을 스스로 결정하고 처리하는 것이에요.

복습하기
본문 39쪽

1 ☑ 네, 주민들은 지역의 일에 직접 참여하는 주민 자치로 지역문제 해결에 참여할 수 있습니다.

2 ☑ 주민들이 운영하는 급식소, 어려운 이웃을 돕다

☑ 골목길 안전 문제, 이제 주민이 앞장서서 해결한다

교과서 내용 읽기
본문 40~41쪽

1 지역에서 일어나는 일을 논의하거나 지역의 문제를 해결하는 과정에 주민이 중심이 되어 참여하는 것을 <u>주민 참여</u>라고 합니다. 주민들이 지역의 일에 적극적으로 참여할 때 주민 자치가 잘 이루어질 수 있습니다.

＊주민 참여의 의미

⋯› 주민 자치는 주민 참여로 이루어질 수 있어요.

2 주민들은 다양한 방법으로 주민 자치에 참여하여 자신의 의견을 낼 수 있습니다. 먼저 공청회에 참여하여 자신의 의견을 전할 수 있습니다. 공청회는 공공 기관 _{공공 기관에서 중요한 일에 대해 의견을 나누는 공개 모임} 에서 중요한 일을 결정하기 전에 전문가, 주민 등 다양한 사람이 모여 의견을 나누는 공개회의를 말합니다. 공청회에 참석하면 전문가나 다른 사람의 의견을 들을 수 있고 자신의 의견도 제시할 수 있습니다. 또 지역의 중요한 일을 정하는 주민 투표에 참여할 수도 있습니다. 공공 기관 누리집이나 애플리케이션(APP)을 활용해 지역의 일과 관련하여 민원을 신청하는 방법도 있습니다.

⋯ 공청회 참여, 주민 투표 참여, 민원 신청 등의 방법으로 지역의 일에 의견을 낼 수 있어요.

3 서명 운동으로도 의견을 표현할 수 있습니다. 서명 운동은 지역의 일에 서명으로 _{주민의 의견을 보여 주는 자료로 활용되기도 함.} 찬성이나 반대의 의사를 밝히는 것입니다. 시민 단체 활동으로도 지역의 일에 의견을 낼 수 있습니다. 지역에는 환경, 교육, 안전 등과 관련한 시민 단체가 있는데, 주민은 자신이 관심을 두고 있는 분야에 맞는 시민 단체에 가입할 수 있습니다.

⋯ 서명 운동, 시민 단체 활동 등의 방법으로 지역의 일에 의견을 낼 수 있어요.

4 이처럼 주민이 지역의 일에 참여할 때는 <u>다른 사람을 배려하고 존중하는 태도</u>가 필요합니다. <u>의견 차이를 좁히는 과정은 대화와 타협으로 이루어져야 합니다.</u> 또 _{주민 참여에 필요한 자세 ①} _{주민 참여에 필요한 자세 ②} 한 주민 모두에게 이익이 되는 것이 무엇인지 생각하며 <u>주민들이 서로 협력하는 자세</u>도 필요합니다. 무엇보다 <u>지역에 일에 책임감을 가지고 적극적으로 참여하는 태</u> _{주민 참여에 필요한 자세 ③} <u>도</u>가 중요합니다. _{주민 참여에 필요한 자세 ④}

⋯ 주민 참여 과정은 민주주의에 따라 이루어져야 해요.

1 ✓ 지역의 일을 논의하거나 해결하는 과정에 주민이 중심이 되어 참여하는 것	1 주민 참여는 지역에서 일어나는 일을 논의하거나 지역의 문제를 해결하는 과정에 주민이 중심이 되어 참여하는 것을 말해요.
2 ①	2 제시된 내용은 민원을 신청하는 방법이에요.
3 ③	3 ③ 제시된 기사는 주민들이 중심이 되어 학교 담장을 꾸미는 일에 참여하였다는 내용이에요.

❶ 주민 ❷ 민원 ❸ 시민 단체 ❹ 모두

정리하기
본문 42쪽

가로① 민주주의	세로① 시민 단체
가로② 의사결정	세로② 다수결
가로③ 소수	세로③ 주민 자치
가로④ 총회	세로④ 공청회

도전! 어휘 퀴즈
본문 43쪽

| **교과서 자료 읽기**
본문
48~49쪽 | 1 ○

2 환경 문제

3 시설 문제

4 · ○
  · ×
  Ⅴ 도로 안전 문제 | 1 가 는 공원의 쓰레기 문제에 대해 다루고 있어요.

2 가 의 해시태그는 공원의 쓰레기 문제를 나타낸 것으로 쓰레기 문제는 환경 문제예요.

3 나 는 도시의 시설이 망가져 수리가 필요하다는 내용을 담고 있어요.

4 글의 내용을 보면 도로가 망가져 수리가 필요하다는 것을 알 수 있어요. 나 는 도로가 망가져 수리가 필요하다는 것을 알리기 위한 사회 관계망 서비스(SNS)이므로 해시태그에 '도로 안전 문제'가 들어가야 해요. |

| **자료 더 읽기**
본문 50쪽 | 1 ❶ 지역문제
  ❷ 역사 문제

2 ❶ × ❷ ○

3 Ⅴ 국가유산 보호를 위한 노력 필요 | 1 ❶ 제시된 글은 지역문제를 알리고자 쓴 글이에요. ❷ 국가유산이 훼손되는 것은 지역의 역사와 관련이 있어요.

2 ❶ 제시된 글을 보면 지역에 있는 국가유산이 제대로 관리되지 않아 훼손되었음을 알 수 있어요.

3 해시태그에는 글의 핵심 단어를 써야 해요. 제시된 글은 지역의 국가유산이 훼손되었음을 알리는 내용이므로 해시태그에는 국가유산 보호를 위한 노력이 필요하다는 내용이 알맞아요. |

| **복습하기**
본문 51쪽 | 1 Ⅴ 지역에서 지역 주민의 생활에 불편을 주거나 지역 주민들 사이에 갈등을 일으키는 문제입니다.
2 환경 문제, 해시태그 |

| **교과서 내용 읽기**
본문
52~53쪽 | **1** 지역에는 많은 사람이 모여 삽니다. 사람들이 함께 살면 좋은 점도 있지만, 여러 가지 문제가 발생해 불편을 겪기도 하고, 사람들 사이에 다툼이 일어나기도 합니다. 이처럼 지역 주민의 생활에 불편을 주거나 지역 주민들 사이에 갈등을 일으키는 문제를 지역문제라고 합니다. <u>지역문제는 지역의 환경과 특성에 따라 다르게 나타나기도 합니다.</u>
도시와 촌락, 농촌과 어촌의 지역문제가 다르게 나타남.
····→ 지역 주민의 생활에 불편을 주거나 지역 주민들 사이에 갈등을 일으키는 문제를 지역문제라고 해요. |

내용을 이해한 정도만큼 나를 색칠해 봐!

쉬워.
사회 교과서를 완벽하게
이해할 수 있어.

조금 어려워.
틀린 문제를
다시 풀어 볼래!

많이 어려워.
교재를 다시
차근차근 공부할래!

2 많은 사람이 모여 있는 지역에서는 시설이 부족하거나 이미 있는 시설이 낡아 사용할 수 없는 문제가 일어납니다. 자동차가 많아지면서 교통이 혼잡하고 주차 공간이 부족한 문제도 발생합니다. 도로가 망가져 안전 문제를 일으키기도 합니다.

↑ 안전 문제가 있는 도로

⋯ 많은 사람이 모여 살면서 시설 노후화 문제, 교통 문제, 안전 문제 등이 발생해요.

3 지역의 환경을 개발하고 자원을 사용하면 지역이 발전할 수 있지만, 이에 따른 환경 문제가 발생하기도 합니다. 공장에서 나오는 폐수로 하천이 오염되고, 자동차와 공장의 매연으로 공기가 오염됩니다. 또한 사람들이 모이면서 쓰레기 처리 문제가 일어나기도 합니다. 이러한 환경 문제는 지역 주민뿐만 아니라 동물과 식물에게도 나쁜 영향을 줍니다.

⋯ 환경을 개발하고 자원을 사용하는 과정에 환경 문제가 일어나 지역 주민과 생태계에 나쁜 영향을 줘요.

4 지역의 역사 및 문화와 관련한 지역문제도 있습니다. 새로운 시설을 지으려고 국가유산을 파괴하거나 전통문화가 사라지는 것도 지역문제입니다. 이처럼 지역에
전통 놀이나 기술을 이어받을 사람이 없어서 전통문화가 사라져 가기도 함.
는 다양한 지역문제가 발생하지만, 주민마다 지역문제에 대한 생각이 달라서 사람들 사이에 갈등이 생기기도 합니다.

⋯ 지역에는 국가유산이 훼손되거나 전통문화가 잘 보전되지 않아 사라지는 지역문제가 발생해요.

1 ③	1 ① 지역마다 발생하는 지역문제는 달라요. ② 많은 사람이 모여 있는 지역에서는 교통 문제가 일어나요. ④ 전통문화가 지켜지지 않는 것은 역사와 관련한 지역문제예요. ⑤ 지역문제에 대해 주민 간 생각이 달라 갈등이 일어나기도 해요.
2 ④	2 ④ 지역을 발전시키는 것은 지역문제가 아니에요.
3 ②, ⑤	3 ① 제시된 사진은 지역의 횡단보도를 이용하는 모습을 보여 주고 있어요. ③ 제시된 문제는 안전 문제와 관련된 것이에요. ④ 제시된 글에 역사에 대한 내용은 나오지 않았어요.

❶ 지역문제 ❷ 환경 ❸ 다르게

정리하기
본문 54쪽

11

교과서 자료 읽기
본문 57쪽

1 ┌─────────────────┐
　│ 다른 지역 주민 면담하기 │
　└─────────────────┘

2 • 사실
　• 가치

3 ○

4 ✕

1 지역문제를 확인하는 방법에는 관찰하기, 뉴스나 신문 살펴보기, 인터넷 조사하기 등이 있어요. 우리 지역의 문제를 확인하려면 우리 지역에 사는 주민을 면담하는 것이 알맞아요.

2 • 공원에 쓰레기가 많은 것은 실제로 일어난 일이므로 사실이에요.
　• 사람들이 공원에 쓰레기를 버리지 못하도록 공원 시설 사용을 제한하는 것은 의견이므로 가치예요.

3 대화와 타협, 다수결의 원칙 등 민주적인 절차에 따라 가장 합리적인 해결 방법을 찾아야 해요.

4 지역문제의 해결 방안이 정해지면 해결 방안이 알맞은지 평가하고, 부족한 부분이 있으면 보완해서 수정해야 해요.

자료 더 읽기
본문 58쪽

1 ❶ ✕ ❷ ✕ ❸ ○

2 ☑ 지역의 쓰레기 문제

1 ❶ 관찰하기, 면담하기, 뉴스나 신문 살펴보기, 인터넷 조사하기 등으로 지역문제를 확인할 수 있어요. ❷ 지역 주민을 만나 이야기를 나누는 방법은 면담하기예요.

2 제시된 자료에 공통적으로 나타난 지역문제는 지역의 쓰레기 문제예요.

복습하기
본문 59쪽

1 ㉠ - ㉢ - ㉤ - ㉣ - ㉡ - ㉥　2 ☑ 관찰하기 ☑ 면담하기 ☑ 뉴스 살펴보기 ☑ 인터넷 조사하기

교과서 내용 읽기
본문 60~61쪽

1 지역문제를 해결하면 더 살기 좋은 지역을 만들 수 있습니다. 따라서 주민들은
교통 문제, 안전 문제, 소음 문제, 환경 문제 등
지역문제를 해결하고자 노력해야 합니다. 지역문제를 해결하려면, 가장 먼저 지역에서 발생하는 문제가 무엇인지 확인해야 합니다. 관찰하기, 면담하기, 뉴스나 신문 살펴보기, 인터넷 조사하기 등의 방법으로 지역문제를 확인할 수 있습니다.
　　　　　　　　　　　　　　　　　지역문제를 확인하는 방법
⋯⋯ 지역문제를 해결하려면 가장 먼저 지역문제를 확인해야 해요.

2 지역문제를 확인한 다음에는 문제가 일어난 배경과 원인을 파악해야 합니다. 문제의 원인을 정확하게 파악해야 그에 알맞은 해결 방안을 찾을 수 있기 때문입니다. 다음으로 지역문제와 관련된 사실과 가치를 구분합니다. 사실은 실제로 일어난 일이고 가치는 어떤 일에 대해서 중요하다고 생각하는 부분으로, 사람마다 가치가
　　　　　　　　　　　　　　　　　　　　　　사람마다 의견이 다른 까닭
다를 수 있습니다.
⋯⋯ 지역문제를 확인한 다음에는 문제의 발생 배경과 원인을 파악한 후 사실과 가치를 구분해야 해요.

내용을 이해한 정도만큼
나를 색칠해 봐!

쉬워.
사회 교과서를 완벽하게
이해할 수 있어.

조금 어려워.
틀린 문제를
다시 풀어 볼래!

많이 어려워.
교재를 다시
차근차근 공부할래!

3 다음으로 문제 해결 방안을 찾아야 합니다. 이때 지역 주민들이 모여 다양한 의견을 나누며 해결 방안을 탐색합니다. 그리고 해결 방안들의 장점과 단점, 보완할 점이 무엇인지 따져 보면서 합리적인 방안으로 결정합니다. 예를 들어 등하굣길 도로 안전 문제의 해결 방안을 탐색하여 다음과 같이 정리해 볼 수 있습니다.

대화와 타협의 자세가 필요함.

가

구분	☐ 해결 방안 1 옐로 카펫 설치하기	☑ 해결 방안 2 안전 도우미 활용하기
장점	자동차 운전자에게 학교 앞이라는 것을 잘 알릴 수 있다.	학생들의 안전에 직접 도움을 줄 수 있다.
단점	옐로 카펫을 설치하는 데 비용이 들고 시간이 걸린다.	등교와 하교 시간에 맞춰서 안전 도우미를 구하기 어렵다.
보완할 점	자동차 운전자가 학교 앞에서 조심할 수 있도록 관련 캠페인 및 교육이 필요하다.	지역 주민들이 안전 도우미 역할을 할 수 있도록 봉사 활동 제도를 만들어야 한다.

⤷ 지역문제의 해결 방안을 찾을 때는 장점과 단점, 보완할 점이 무엇인지 따져 보아야 해요.

4 민주적인 방법으로 해결 방안을 정하였다면 이를 적극적으로 실천해야 합니다. 그리고 또 다른 문제가 발생하지 않도록 결정한 방안을 평가하고 보완해 나가야 합니다. 이러한 노력으로 지역문제를 해결해 나갈 수 있습니다.

지역문제 해결에 지속적으로 관심을 가져야 함.

⤷ 해결 방안을 실천하고 이를 평가하며 보완해 나가야 해요.

---

1 ⑤

2 ①

3 ❶ 가치 ❷ 가치 ❸ 사실

4
☑ 해결 방안 2 안전 도우미 활용하기

1 ⑤ 해결 방안을 실천하면서 방안을 평가하고 보완해 나가야 해요.

2 ① 관찰하기, 면담하기, 뉴스나 신문 살펴보기, 인터넷 조사하기 등의 방법으로 지역문제를 확인할 수 있어요.

3 사실은 실제로 일어난 일이고, 가치는 어떤 일에 대하여 중요하다고 생각하는 부분이에요.

4 안전 도우미를 활용하면 문제를 빠르게 해결할 수 있어요. 이에 대한 단점을 보완하기 위해 봉사 활동 지원자를 모집하기로 하였어요. 따라서 해결 방안 2로 결정한 것이에요.

---

❶ 확인하기 ❷ 원인 ❸ 가치 ❹ 실천하고

정리하기
본문 62쪽

교과서 자료 읽기
본문 65쪽

1 ☑ ○○ 소개

2 · ○
· ☑

3 특성

1 '○○ 소개'에 들어가면 지역에 대한 내용을 확인할 수 있어요.

2 · 지역의 역사, 관광지, 축제 등은 지역의 중요한 알릴 거리예요.
· 제시된 내용은 공주시의 가볼 만한 관광지를 소개하고 있으므로, 지역의 관광지를 소개하는 누리집의 공간에서 내용을 찾을 수 있어요.

3 지역의 자연환경, 역사와 문화, 관광지, 축제, 생산물 등을 살펴보면 지역의 특성을 이해할 수 있어요.

자료 더 읽기
본문 66쪽

1 ❶ 지역 ❷ 특성

2 ❶ × ❷ ×

3 ☑

1 ❶ 지역의 누리집에 들어가면 지역의 알릴 거리를 살펴볼 수 있어요.
❷ 지역의 알릴 거리를 살펴보면 지역의 특성을 이해할 수 있어요.

2 ❶ 경주시청 누리집에서는 경주의 역사를 알 수 있어요. ❷ 경주시청 누리집에서는 경주의 관광지뿐만 아니라 상징물, 역사 등 다양한 알릴 거리를 알리려고 노력해요.

3 경주시의 상징물을 설명한 것이므로 지역의 상징물을 소개하는 누리집의 공간에서 내용을 찾을 수 있어요.

복습하기
본문 67쪽

1 ☑ 보성군청 누리집에 방문합니다. **2** '보성 소개', 특성

교과서 내용 읽기
본문 68~69쪽

1 지역에서는 지역의 자연환경, 역사, 문화, 생산물 등을 알리기 위해 다양한 노력을 합니다. 지역 누리집을 검색하거나 지역 안내 자료를 찾아보면 지역을 알리려는 노력을 확인할 수 있습니다. 지역을 잘 아는 전문가나 어른께 여쭈어보거나 직접 찾아가 보는 방법도 있습니다.

··· 각 지역에서는 지역을 알리고자 노력하는데, 이러한 노력은 다양한 방법으로 조사할 수 있어요.

2 지역에서는 지역을 알리기 위해 지역의 특징이나 자랑거리를 나타내는 캐릭터나 상징 마크 등의 상징물을 만듭니다. 그리고 많은 사람들이 지역을 찾아와 지역의 자연환경, 국가유산, 문화, 관광지, 음악 등을 즐길 수 있도록 관광 프로그램을 운영하고 지역의 모습을 기억할 수 있는 기념품을 만들기도 합니다. 또한, 지역 축제나 행사를 열어서 지역의 자연환경과 생산물, 역사와 문화 등을 직접 보고 체험할 수 있는 기회를 제공하기도 합니다.

··· 각 지역에서는 다양한 방법으로 지역을 알리려고 노력해요.

내용을 이해한 정도만큼
나를 색칠해 봐!

쉬워.
사회 교과서를 완벽하게
이해할 수 있어.

조금 어려워.
틀린 문제를
다시 풀어 볼래!

많이 어려워.
교재를 다시
차근차근 공부할래!

3 이러한 노력으로 주민들이 지역에 대해 관심을 가지게 되며, 지역에 대한
자부심과 지역을 사랑하는 마음을 느낄 수 있습니다. 그리고 다른 지역의 사람들
_{지역을 알리는 노력이 필요한 까닭 ①}
이 우리 지역을 관광하고, 지역의 생산물을 사면서 지역 간의 교류가 활발해집니다.
_{지역을 알리는 노력이 필요한 까닭 ②}
이에 따라 지역의 경제도 발전할 수 있습니다.
_{지역을 알리는 노력이 필요한 까닭 ③}
⋯⋯ 지역을 알리고자 노력하면 지역을 사랑하는 마음을 가질 수 있고, 지역의 경제도 발전할 수 있어요.

4 한편, 지역을 알리려는 노력을 살펴보면 그 지역의 특성을 이해할 수 있습니
_{지역의 알릴 거리가 지역의 특성을 나타냄.}
다. 특히 지역에서 열리는 축제나 행사를 보면, 그 지역의 환경과 생산물 등을 알 수
있습니다. 강원특별자치도 태백시에서는 해마다 겨울이 되면 '눈 축제'를 엽니다.
이를 통해 태백시에는 겨울에 눈이 많이 내린다는 것을 알 수 있습니다. 충청북도
_{태백시의 자연환경을 알 수 있음.}
금산군에서는 '인삼 축제'를 엽니다. 인삼은 금산군의 대표적인 생산물로, 축제를
_{금산군의 생산물을 알 수 있음.}
열어 다른 지역 사람들에게 지역의 생산물을 소개하고 경험하게 하려는 것입니다.
⊙ 지역에서 열리는 다양한 축제로 그 지역의 역사와 그 지역에서 살았던 옛 사람
들의 생활 모습도 알 수 있습니다.

⋯⋯ 지역을 알리려는 노력을 통해 지역의 자연환경, 생산물, 역사 등의 특성을 이해할 수 있어요.

1 ⑤	1 우리 지역의 대표적인 생산물을 소개하고 경험할 수 있는 축제를 열어요.
2 ⊙, ⓒ	2 ⓒ 지역을 알리려고 다른 지역과 교류하기도 해요. 이러한 교류를 통해 지역이 화합할 수 있어요.
3 ③	3 ③ '한산 대첩 축제'는 통영시에 있었던 역사적 사건을 기념하고 역사적 인물을 기리기 위한 축제로, 통영시 주민뿐만 아니라 다른 지역에 사는 사람들이 많이 참여해요.

❶ 누리집 ❷ 상징물 ❸ 자부심 ❹ 활발해지고

정리하기
본문 70쪽

가로①	지역문제	세로①	갈등
가로②	생산물	세로②	환경 문제
가로③	방안	세로③	상징물
가로④	발생하다	세로④	훼손하다

**도전!
어휘 퀴즈**
본문 71쪽

| 교과서
자료 읽기
본문
76~77쪽 | 1 자연환경
2 바다, 비
3 인문환경
4  | 1 사람이 만들지 않은 자연 그대로의 것을 자연환경이라고 해요.
2 바다는 땅의 생김새이고, 비는 날씨를 이루는 것이에요.
3 과수원은 과일나무를 심은 밭이므로 인문환경이에요.
4 바다와 산은 자연환경이고, 다리와 아파트는 인문환경이에요. |

| 자료
더 읽기
본문 78쪽 | 1 ❶ × ❷ ○
2 ❶ 자연환경 ❷ 인문환경
3 ❶ △ ❷ ○ | 1 ❶ 호수는 땅이 우묵하게 들어가 물이 고여 있는 곳을 말해요.
2 ❶ 가 는 자연적으로 만들어진 호수로 자연환경과 어우러져 있어요. ❷ 나는 인공 호수로, 주변에 인문환경이 많이 있어요.
3 공원을 지을 때 만든 호수는 인문환경이고, 한라산 정상에 있는 호수는 자연적으로 생긴 자연환경이에요. |

| 복습하기
본문 79쪽 | 1 바다, 공장
2 ☑ 아니요, 논과 밭은 사람들이 평지인 들을 개발하여 만든 것이므로 인문환경에 속합니다. |

교과서 내용 읽기

본문 80~81쪽

1 우리 주변에는 산, 들, 바다, 하천, 논, 밭, 공장, 도로, 아파트 등이 있습니다. 이처럼 우리 주변을 둘러싼 모든 것을 <u>환경</u>이라고 합니다.
_{환경의 의미}

⋯→ 환경은 우리 주변을 둘러싼 모든 것을 말해요.

2 환경은 자연환경과 인문환경으로 나눌 수 있습니다. 자연환경은 <u>사람이 만들지 않은 자연 그대로의 환경</u>입니다. 자연환경은 땅의 생김새와 날씨를 이루는 것으로
_{자연환경의 의미}   _{자연환경을 구성하는 것}
구분할 수 있습니다. 산, 들, 하천, 바다 등은 땅의 생김새이고 눈, 비, 바람, 기온 등은 날씨를 이루는 것입니다.

가
↑ 들

↑ 바람

⋯→ 자연환경은 사람이 만들지 않은 자연 그대로의 것으로, 땅의 생김새와 날씨를 이루는 것으로 나뉘어요.

내용을 이해한 정도만큼
나를 색칠해 봐!

쉬워.
사회 교과서를 완벽하게
이해할 수 있어.

조금 어려워.
틀린 문제를
다시 풀어 볼래!

많이 어려워.
교재를 다시
차근차근 공부할래!

3 인문환경은 사람이 만든 환경을 말합니다. 사람들은 생활하는 데 필요하거나
생활을 편리하게 하기 위해 다양한 인문환경을 만듭니다. 인문환경에는 논과 밭, 과
_{인문환경을 만든 까닭}
수원, 도로, 학교, 아파트, 공장 등이 있습니다.   ⋯ 인문환경은 사람이 만든 환경이에요.

나

↑ 밭

↑ 아파트

4 이와 같이 우리가 사는 지역에는 다양한 자연환경과 인문환경이 나타납니다.
자연환경과 인문환경의 특징을 알면 우리 지역의 환경을 자연환경과 인문환경으로
_{자연환경과 인문환경의 특징을 이해하면 좋은 점}
구분하여 이해할 수 있고, 지역에 어떤 자연환경과 인문환경이 발달하였는지도 알
수 있습니다.   ⋯ 자연환경과 인문환경의 특징을 알면 우리 지역의 환경적 특징을 알 수 있어요.

---

1 ④

2 ⑤

3 자연환경: ㉠, ㉡, ㉣, ㉤, ㉧

　 인문환경: ㉢, ㉥, ㉦, ㉨

---

1 ① 우리 주변을 둘러싼 모든 것을 환경이라고 해요. ②, ③ 자연환
경은 자연 그대로의 것으로 땅의 생김새와 날씨를 이루는 것으로
나눌 수 있어요. ⑤ 우리가 사는 지역에는 자연환경과 인문환경
이 함께 있어요.

2 ⑤ 가 는 자연 그대로의 것인 자연환경이지만, 나 는 사람이 만든
환경인 인문환경이에요.

3 자연환경은 사람이 만들지 않은 자연 그대로의 환경이고, 인문환
경은 사람이 만든 환경이에요.

---

❶ 자연환경 ❷ 들 ❸ 사람 ❹ 밭

정리하기
본문 82쪽

| 교과서
자료 읽기

본문
84~85쪽 | 1 들

2 논

4 ×

5 고속 국도, 산업 단지

6 들, 다릅니다 | 1 논산시에는 들이 발달하였어요.

2 논산시에는 벼농사를 짓는 논이 많아요.

4 성남시에 발달한 자연환경은 산과 들이에요.

5 성남시에는 경부 고속 국도가 지나고 산업 단지가 있어요.

6 논산시와 성남시는 모두 들이 발달하여 자연환경이 비슷하지만 인문환경은 서로 달라요. |

| 자료
더 읽기

본문 86쪽 | 1 ❶ ○ ❷ ×

2 ❶ 밭 ❷ 산

❸ 눈 ❹ 숲 | 1 ❷ 정선군에는 지역을 가로질러 강이 흘러요.

2 ❶ 정선군에는 서늘한 날씨에서 잘 자라는 채소를 기르는 밭이 있어요. ❷ 정선군에는 높은 산이 많고 겨울철에 눈이 많이 내려서 스키장과 관련한 시설이 있어요. ❸ 정선군에는 숲을 이용해 만든 자연 휴양림이 있어요. |

| 복습하기

본문 87쪽 | 1 많이, 다를   2 논, 비닐하우스 | |

| 교과서
내용 읽기

본문
88~89쪽 | 1 우리가 사는 지역에는 다양한 자연환경과 인문환경이 있습니다. 인문환경은 자연환경의 영향을 많이 받기 때문에 지역의 <u>자연환경에 따라 인문환경이 달라지</u>기도 합니다. 인문환경이 자연환경의 영향을 받기 때문임. 또한 자연환경이 비슷하더라도 이를 어떻게 활용하느냐에 따라서 인비슷한 자연환경에서 인문환경이 달라지는 까닭문환경이 달라지기도 합니다. 그래서 자연환경이 비슷한 지역이라도 인문환경이 다르게 발달할 수 있습니다. ⋯→ 자연환경이 비슷해도 인문환경이 다를 수 있어요.

2 전라남도 나주시와 경기도 광명시는 모두 들이 발달한 지역입니다. 나주시는 벼농사가 발달하였고, 채소와 과일을 많이 재배합니다. 그래서 들에 논과 밭, 과수나주시와 광명시의 자연환경 나주시의 인문환경 ①원, 비닐하우스 등이 발달하였고, 농업을 전문적으로 연구하는 농업 기술 센터가 있나주시의 특징 나주시의 인문환경 ②습니다. 광명시에는 들에 아파트 단지와 도로가 많습니다. 그리고 최첨단 산업과 관광명시의 인문환경 ①련한 산업 단지가 들어서면서 많은 사람이 모였습니다. 사람이 많아지면서 대형 마광명시의 인문환경 ②트나 상점 등도 늘어났습니다.
광명시의 인문환경 ③ |

내용을 이해한 정도만큼 나를 색칠해 봐!

쉬워.
사회 교과서를 완벽하게
이해할 수 있어.

조금 어려워.
틀린 문제를
다시 풀어 볼래!

많이 어려워.
교재를 다시
차근차근 공부할래!

가

↑ 논

나

↑ 산업 단지

⋯▶ 나주시와 광명시는 모두 들이 발달하였지만, 발달한 인문환경은 서로 달라요.

3 산이 발달하고 해발 고도가 높은 지역에서도 자연환경을 활용하여 다양한 인문환경을 만듭니다. 강원특별자치도 평창군은 <u>산으로 둘러싸여 있고 해발 고도가 높아, 날씨가 서늘하고 겨울에는 눈이 많이 내립니다.</u>
평창군의 자연환경
이러한 자연환경으로 서늘한 날씨에 잘 자라는 <u>고랭지 채소를 재배하는 밭</u>과 ㉠ <u>산비탈에 계단처럼 만든 계단식 논</u>이 발달하였습니다.
평창군의 인문환경 ①　　　　　　　　　　　평창군의 인문환경 ②
또한 날씨가 서늘해 풀이 잘 자라 <u>가축을 기르는 목장</u>도 많이 있습니다. 산에는 <u>스키장</u>이 있고, <u>자연 휴양림</u>이 발달하였습니다.
평창군의 인문환경 ③
평창군의 인문환경 ④　　　　平창군의 인문환경 ⑤
⋯▶ 평창군은 산이 발달한 자연환경을 활용하여 농업과 스키장, 자연 휴양림 등이 발달하였어요.

1 ③	1 ① 인문환경은 자연환경의 영향을 받아요. ② 자연환경이 비슷하더라도 발달한 인문환경이 다를 수 있어요. ④, ⑤ 나주시와 광명시는 들이 발달하였고, 평창군은 산으로 둘러싸여 있고 해발 고도가 높은 지역이에요.
2 ⑤	2 ⑤ 논과 산업 단지는 주로 들이 발달한 지역에서 볼 수 있어요.
3	3 계단식 논은 산비탈을 이용해 계단처럼 만든 논이에요.
4 ❶ 들 ❷ 산 ❸ 농업 ❹ 산업 단지 ❺ 고랭지	4 논산시, 광명시는 들이 발달하였고, 평창군은 산이 발달하였어요. 논산시는 넓은 들을 이용하여 농업이 발달하였고, 광명시는 최첨단 산업과 관련한 산업 단지가 만들어졌어요. 평창군은 높은 산을 이용한 고랭지 채소를 재배하는 밭과 계단식 논이 발달하였어요.

❶ 들 ❷ 인문 ❸ 산

정리하기
본문 90쪽

19

교과서 자료 읽기
본문 92~93쪽

1 바다

2 갯벌

3 양식장, 염전

4 동해

5 모래사장

1 완도군에 발달한 자연환경은 바다와 갯벌이에요.

2 완도군에는 갯벌이 발달하여 갯벌에서 조개나 낙지 등을 잡아요.

3 김이나 미역, 전복을 기르는 곳은 양식장이고, 소금을 만드는 곳은 염전이에요.

4 포항시는 동해와 맞닿아 있어요.

5 포항시는 바닷가에 모래사장이 펼쳐져 있어 해수욕장이 발달하였어요.

6 완도군은 갯벌이 발달하였고, 포항시는 모래사장이 발달하였어요.

6
전라남도 완도군	경상북도 포항시
바다, (갯벌), 모래사장	바다, (갯벌, 모래사장)
양식장, 염전 등	해수욕장, 건조장, 제철소 등

자료 더 읽기
본문 94쪽

1 ❶× ❷○ ❸○ ❹×

2 ❶바다 ❷섬 ❸산

1 ❶ 해상 국립 공원은 국가가 지정해요. ❹ 우리나라에는 한려 해상 국립 공원과 다도해 해상 국립 공원이 있어요.

2 ❶ 통영시와 완도군은 바다와 맞닿아 있어요. ❷ 통영시와 완도군 주변에는 섬이 많이 있어요. ❸ 통영시와 완도군은 바다와 산 등의 자연환경이 조화를 이루는 곳이에요.

복습하기
본문 95쪽

1 양식장   2 건조장, 철

교과서 내용 읽기
본문 96~97쪽

1 바다와 맞닿은 지역에는 바다와 관련한 인문환경이 많습니다. 바다가 발달한 지역에서는 바다에 나가 직접 물고기를 잡기도 하지만, 바닷가 근처에 양식장을 만들기도 합니다.
_{바다가 발달한 지역의 인문환경 ①}
바닷물을 모아서 소금을 만드는 염전이 있는 곳도 있습니다. 갯벌이 발달한 지역에서는 바닷물이 빠지면 갯벌에서 조개나 낙지 등을 잡습니다.
_{바다가 발달한 지역의 인문환경 ②}
모래사장이 발달한 곳에서는 모래사장을 활용해 해수욕장을 만듭니다.
_{바다가 발달한 지역의 인문환경 ③}
⋯→ 바다가 발달한 지역에는 양식장, 염전, 해수욕장 등의 인문환경이 있어요.

2 바닷가 주변에는 항구도 있습니다. 항구에는 파도를 막기 위해 만든 방파제와
_{바다가 발달한 지역의 인문환경 ④} _{바다가 발달한 지역의 인문환경 ⑤}
등대 등의 시설이 있고, 잡은 물고기를 바로 사고파는 수산물 직판장, 물고기나 미역 등을 말리는 건조장도 있습니다.
_{바다가 발달한 지역의 인문환경 ⑥}
또한, 큰 항구 근처에는 제철소가 만들어지기도 합니다.
_{바다가 발달한 지역의 인문환경 ⑦} _{바다가 발달한 지역의 인문환경 ⑧}

⋯→ 항구에는 방파제, 등대 등의 시설과 수산물 직판장, 건조장 등이 있고, 항구 근처에 제철소를 만들기도 해요.

내용을 이해한 정도만큼
나를 색칠해 봐!

쉬워.
사회 교과서를 완벽하게
이해할 수 있어.

조금 어려워.
틀린 문제를
다시 풀어 볼래!

많이 어려워.
교재를 다시
차근차근 공부할래!

3 경상남도 통영시는 바다가 발달한 대표적인 지역입니다. 통영시는 남해와 맞닿아 있는 지역으로, 곳곳에 항구가 있습니다. 항구에는 물고기를 잡는 배들이 많이 있고, 바다 주변에는 굴을 기르는 양식장도 있습니다. 통영시 주변의 바다와 아름다운 섬들은 해상 국립 공원으로 지정되어 있습니다.

경상남도 통영시의 인문환경

⋯→ 통영시는 양식장이 발달하였고, 해상 국립 공원으로 지정된 곳이에요.

4 전라남도 광양시도 남해와 맞닿아 있는 지역입니다. 광양시의 대표적인 항구는 광양항입니다. 광양항 주변에는 철을 만드는 대규모 제철소가 있습니다. 광양항에는 철을 만드는 원료를 수입해 오는 배와 만든 철을 수출하는 배들이 오갑니다.

전라남도 광양시의 인문환경

⋯→ 광양시에는 제철소가 발달하였어요.

1 ③	1 ① 바다에서 물고기를 잡고 김, 미역, 전복 등을 기르는 양식장을 만들기도 해요. ② 소금을 만드는 곳은 염전이에요. ④ 주변에 아름다운 섬들이 있어 해상 국립 공원으로 지정된 곳은 통영시예요. ⑤ 제철소가 있어 관련한 배들이 많은 곳은 광양시예요.
2 ❶ - ㉡ ❷ - ㉠ ❸ - ㉢	2 ❶ 갯벌에서 바닷물이 빠지면 조개나 낙지 등을 잡아요. ❷ 해수욕장은 모래사장에 만들어요. ❸ 수산물 직판장은 바다에서 잡은 물고기를 바로 사고파는 곳이에요.
3 경상남도 통영시: ㉡ 전라남도 광양시: ㉠	3 경상남도 통영시에는 양식장이 발달하였고, 전라남도 광양시에는 제철소가 발달하였어요.

❶ 양식장 ❷ 항구 ❸ 제철소 ❹ 해상 국립 공원

정리하기
본문 98쪽

교과서 자료 읽기
본문 100~101쪽

1 간척

2 넓어졌습니다

3 ○

4 ☑

1 영종도는 주변 바다와 갯벌을 메우는 간척을 하여 여러 개의 섬을 하나의 섬으로 만들었어요.

2 영종도는 간척 후에 면적이 이전보다 넓어졌고, 섬과 육지를 연결하는 다리가 생겼어요.

3 영종도는 간척한 뒤에 국제공항, 아파트 단지, 다리와 도로, 상점 등이 만들어졌어요.

4 인천 국제공항이 만들어진 뒤에 공항과 공항 안의 상점에서 일하는 사람들이 많아졌어요.

자료 더 읽기
본문 102쪽

1 ❶ ○ ❷ ✕

2 ❶ 환경 문제 ❷ 소음 문제
  ❸ 줄었고, 늘고

3 ☑

1 ❷ 간척을 하는 과정에서 지역문제가 생기기도 해요.

2 ❶ 가 는 간척으로 갯벌이 훼손되는 환경 문제를, ❷ 나 는 공항에서 발생하는 소음 문제를 보여 주고 있어요. ❸ 간척 이후에 영종도 갯벌의 면적은 줄었고, 소음으로 고통받는 사람은 늘고 있어요.

3 제시된 내용은 갯벌이 줄어들면서 갯벌을 찾는 철새의 수도 줄어들었다는 내용이므로, 가 자료와 관련이 있어요.

복습하기
본문 103쪽

1 ☑

2 다리, 공항

교과서 내용 읽기
본문 104~105쪽

1 우리는 환경을 이용하고 개발하며 살아갑니다. 이 과정에서 지역의 모습이 변화하기도 합니다. 인천광역시 중구의 영종도는 환경 개발로 모습이 크게 변한 지역 가운데 하나입니다. 영종도는 원래 작은 섬마을이었는데, 간척으로 면적이 넓어졌고, 섬과 육지를 연결하는 다리와 도로가 생겼습니다. 그리고 인천 국제공항이 생기면서 건물들도 많아졌습니다.
··· 작은 섬마을이었던 영종도는 간척으로 모습이 변화하였어요.

(간척 전 모습)
(간척 후 달라진 모습 ①)
(간척 후 달라진 모습 ②)
(간척 후 달라진 모습 ③)

2 간척을 하고 난 뒤에 영종도에 사는 사람들이 하는 일도 달라졌습니다. 간척 전에는 사람들은 주로 물고기를 잡거나 염전에서 소금 만드는 일을 하였습니다. 간척 후에는 국제공항이나 주변의 회사, 상점 등에서 일하는 사람들이 많아졌습니다. 영종도에 사람들이 모이면서 아파트 단지와 다양한 편의시설도 생겼습니다.
··· 영종도를 개발하면서 사람들이 하는 일이 달라졌어요.

(간척 전 사람들의 모습)
(간척 후 달라진 사람들의 모습)

내용을 이해한 정도만큼
나를 색칠해 봐!

쉬워.
사회 교과서를 완벽하게
이해할 수 있어.

조금 어려워.
틀린 문제를
다시 풀어 볼래!

많이 어려워.
교재를 다시
차근차근 공부할래!

3 경기도 안산시도 환경 개발로 모습이 변한 지역입니다. 원래 안산시는 들이 있고 바다와 맞닿아 있는 지역으로, 사람들은 주로 농사를 짓거나 물고기를 잡았습니다.
_{안산시의 옛날 모습} _{안산시의 개발 전 사람들의 모습}
다. 안산시에 산업 단지가 생기면서 지역의 모습이 달라졌습니다. 산업 단지에서 일
_{안산시가 개발된 계기}
하는 사람이 많아지면서 안산시의 인구가 크게 늘어났고, 이에 따라 대규모 아파트
_{개발 후 달라진 사람들의 모습}
단지가 생겼습니다. 도로가 발달하고 지하철과 고속 국도도 만들어졌습니다.
_{개발 후 달라진 모습 ①} _{개발 후 달라진 모습 ②}
⋯ 농어촌 지역이었던 안산시에 산업 단지가 생기면서 지역의 모습이 변화하였어요.

4 이처럼 환경을 개발하면 지역이 발전하기도 하지만 개발에 따른 문제가 발생
하기도 합니다. 영종도는 간척으로 갯벌의 면적이 줄면서 갯벌에서 머무는 철새도
_{영종도의 지역문제 ①}
줄었습니다. 공항 주변에는 비행기가 내는 소음이 문제가 되기도 합니다. 경기도 안
_{영종도의 지역문제 ②}
산시에는 사람이 많이 살기 시작하면서 폐수와 쓰레기로 환경이 오염되기도 하였
_{안산시의 지역문제}
습니다.
⋯ 환경을 개발하는 과정에서 문제가 나타나기도 해요.

5 환경을 개발할 때 일어난 문제는 사람에게 피해를 주기도 합니다. 그리고 개발
_{환경을 보전하며 개발해야 하는 까닭 ①}
과정에서 훼손된 환경은 다시 되돌리기 어렵습니다. 원래 모습으로 돌아간다고 하
_{환경을 보전하며 개발해야 하는 까닭 ②}
더라도 그 시간이 매우 오래 걸립니다. 따라서 환경을 개발할 때는 환경을 보전하면
_{환경을 보전하며 개발해야 하는 까닭 ③}
서 지속적으로 이용할 수 있는 방법을 고민하여 알맞은 방법을 찾아야 합니다.
⋯ 환경을 보전하면서 지속적으로 이용하고 개발할 수 있도록 노력해야 해요.

---

1 ⑤	1 ①, ② 영종도는 원래 작은 섬이었는데 간척으로 섬의 면적이 넓어졌어요. ③ 간척 후에 갯벌이 줄어 철새도 줄었어요. ④ 간척 후에 사람들은 주로 국제공항이나 주변 회사, 상점 등에서 일해요.
2 ㉠, ㉡	2 ㉢ 안산시는 1970년대보다 2020년대에 교통이 더 발달하였어요.
3 환경을 개발할 때 생기는 문제는 신경쓰지 않아도 돼요.	3 환경을 개발할 때 생기는 문제는 사람에게 피해를 주기도 해요.

---

❶ 간척 ❷ 산업 단지 ❸ 갯벌 ❹ 보전

정리하기
본문 106쪽

가로① 자연환경	세로① 환경
가로② 산업 단지	세로② 인문환경
가로③ 간척	세로③ 염전
가로④ 보전하다	세로④ 개발하다

**도전!
어휘 퀴즈**
본문 107쪽

교과서 자료 읽기
본문 113쪽

1 · 있습니다 · 회사
· 백화점 · 편리하게

2

3 · ○ · ×
·

1 도시에는 전철과 같은 교통수단이 있고, 사람들은 주로 회사에서 일을 해요. 도시에는 백화점이 있고, 생활을 편리하게 해 주는 공공 기관과 병원 등이 있어요.

2 나 도시에서는 전철을 이용해 다른 지역으로 편리하게 이동해요. 다 사람들은 대부분 회사에서 일하고, 라 백화점에서 다양한 물건을 쉽게 살 수 있어요. 또한 마 공공 기관을 쉽게 이용할 수 있고, 바 병원이 가까워 아플 때 빨리 치료를 받을 수 있어요.

3 도시에는 교통수단이 발달하여 다른 지역으로 편리하게 이동할 수 있고, 병원과 같이 사람들의 생활을 편리하게 해 주는 편의 시설이 많아요. 백화점이나 대형 할인점에서 필요한 물건을 쉽게 구할 수도 있어요.

자료 더 읽기
본문 114쪽

1 ❶ ○ ❷ × ❸ ○
2 ❶ 도시 ❷ 여가 생활

3 ☑

1 ❷ 나 는 사람들이 공원에서 여가 생활을 즐기는 모습이에요.

2 도시에는 문화 시설과 휴식을 취할 수 있는 장소가 많아 사람들이 다양한 여가 생활을 즐길 수 있어요.

3 여가 생활을 즐기는 곳에는 공연장, 도서관, 영화관, 체육관, 경기장, 공원, 놀이 시설 등이 있어요. 경찰서는 공공 기관이에요.

복습하기
본문 115쪽

1 ☑

2 ☑ 사람들이 일할 수 있는 일자리가 많습니다.
☑ 교통수단이 발달하여 이동하기에 편리합니다.

교과서 내용 읽기
본문 116~117쪽

1 도시는 많은 사람이 모여 살면서 정치, 경제, 사회, 문화 활동의 중심이 되는 곳
＊도시의 의미
입니다. 도시의 거리에는 많은 사람들이 오가고 아파트와 높은 건물이 밀집해 있습니다. 사람들이 일할 수 있는 회사나 공장도 많습니다. 도시에는 도로들이 복잡하게 연결되어 있고, 기차와 전철, 버스 등 다양한 교통수단이 발달하여 관련한 시설
＊지하철역, 기차역, 버스 정류장 등
이 많습니다. 또한 도시에는 경찰서, 소방서, 시청이나 구청과 같은 공공 기관과 병원 등과 같은 편의 시설, 백화점이나 대형 할인점과 같은 상점 등이 많습니다. 도서관이나 미술관, 경기장, 공연장, 공원 등 여가 생활을 즐길 수 있는 시설도 쉽게 볼 수 있습니다.
⋯→ 도시는 많은 사람이 모여 살면서 다양한 활동의 중심이 되는 곳이에요.

내용을 이해한 정도만큼
나를 색칠해 봐!

쉬워.
사회 교과서를 완벽하게
이해할 수 있어.

조금 어려워.
틀린 문제를
다시 풀어 볼래!

많이 어려워.
교재를 다시
차근차근 공부할래!

2 도시의 사람들은 주로 아파트와 같은 공동 주택에서 모여 삽니다. 또한 도시에
는 일자리가 많습니다. 회사나 공장에서 일하는 사람도 많고, 물건을 팔거나 음식을
만들어 파는 사람도 많습니다. 환자를 진료하거나 물건을 배달하는 등 사람들의 생
활을 즐겁고 편리하게 해 주는 일을 하는 사람도 있습니다. 도시에 사는 사람들은
기차, 전철, 버스 등 다양한 교통수단을 이용하여 직장이나 다른 지역을 갈 때 편리
하게 이동할 수 있습니다.

여러 가구가 한 건물 안에서 따로 생활함.
일자리를 찾아 사람이 모임.

가
↑ 아파트

나
↑ 음식점에서 일하는 사람들

⋯› 도시의 사람들은 주로 공동 주택에 모여 살고 도시에는 일자리가 많으며, 대중교통을 쉽게 이용해요.

3 도시에서는 사람들이 백화점이나 대형 할인점에서 물건을 편리하게 삽니다.
공공 기관이나 편의 시설이 가까이에 있어 쉽게 이용할 수도 있습니다. 그리고 영화
관이나 공연장과 같은 문화 시설과 경기장이나 체육관과 같은 체육 시설, 공원이나
놀이 공원 등도 많아 이곳에서 다양한 여가 생활을 즐기기도 합니다.

⋯› 도시에서는 물건을 쉽게 살 수 있고, 도시 사람들은 공공 기관과
편의 시설을 쉽게 이용하며, 다양한 여가 생활을 즐겨요.

1 도시	**1** 도시는 많은 사람이 모여 살면서 정치, 경제, 사회, 문화 활동의 중심이 되는 곳이에요.
2 ②	**2** ② 도시에는 병원과 같은 편의 시설이 가까이에 있어요.
3 ④	**3** ① 도시에는 공공 기관이 많아요. ② 도시의 사람들은 주로 아파트와 같은 공동 주택에서 모여 살아요. ③ 도시에는 대중교통이 발달하여 직장을 가거나 다른 지역으로 이동하기가 편리해요. ⑤ 도시에는 문화 시설과 체육 시설 등에서 여가 생활을 즐길 수 있어요.
4 ①, ③	**4** ② 가 사진으로 다양한 여가 생활을 즐기는 도시 사람들의 모습을 확인할 수 없어요. ④ 나 사진으로 도시의 다양한 교통수단을 확인할 수 없어요. ⑤ 가와 나는 도시의 특징을 보여 주는 사진이에요.

❶ 많은 ❷ 편의 시설 ❸ 많고 ❹ 여가

정리하기
본문 118쪽

교과서 자료 읽기
본문 121쪽

1 ○	1 교통 및 산업도로 지역의 교통 시설과 산업 단지에 대한 정보를 확인할 수 있어요.
2 고속 국도	2 경부 고속 국도는 우리나라의 주요 도시를 지나가요.
3 ×	3 부산광역시에는 고속 철도가 있고, 고속 철도를 타거나 내릴 때 이용하는 기차역인 부산역이 있어요.
4 물류	4 부산광역시는 물류 산업과 조선 공업이 발달하였어요.

자료 더 읽기
본문 122쪽

1 [지도]	1 세종특별자치시에는 여러 행정 기관을 모아 만든 정부 세종 청사가 있어요.
2 ❶ ○ ❷ × ❸ ○	2 ❷ 세종특별자치시에는 항구와 공항이 없어요.
3 ❶ 편리 ❷ 늘어났습니다 ❸ 행정	3 ❶ 세종특별자치시는 고속 국도와 고속 철도가 지나는 곳이에요. ❷ 세종특별자치시로 행정 기관이 옮겨오면서 도시의 인구가 늘어났어요. ❸ 세종특별자치시는 행정과 관련한 산업이 발달하였어요.

복습하기
본문 123쪽

1 행정   2 행정 기관   3 ☑ 고속 국도 ☑ 고속 철도

교과서 내용 읽기
본문 124~125쪽

1 도시에는 많은 사람이 모여 살고, 다양한 산업이 발달합니다. 이에 따라 도시에는 교통, 행정, 공업, 관광 등의 기능이 나타납니다. 도시에 따라 이 기능 중에서 특정한 기능이 발달한 곳도 있고, 여러 기능이 고르게 발달한 곳도 있습니다.
<small>도시의 모습</small>

⋯ 도시에는 다양한 기능이 발달해요.

2 부산광역시는 교통이 발달한 도시입니다. 다른 지역과 연결된 고속 국도와 국도, 고속 철도와 철도 등의 주요 도로와 철도가 지나고, 김해 국제공항 등의 다양한 교통이 발달하였습니다. 또한 바다와 맞닿아 있어 항구가 발달하였습니다. 부산항과 같은 큰 항구에서는 많은 컨테이너를 실은 화물선이 우리나라의 여러 지역과 다른 나라를 오갑니다. 이를 중심으로 물류 산업과 조선 공업 등이 발달하였습니다.
<small>경부 고속 국도</small>
<small>부산의 대표적인 항구</small>
<small>항구와 관련이 높은 산업</small>

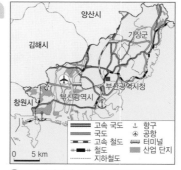

⬆ 부산광역시의 교통 및 산업도(2022년)

⋯ 교통이 발달한 부산에는 다양한 교통시설이 있고 물류 산업과 조선 공업이 발달하였어요.

내용을 이해한 정도만큼 **나를 색칠해 봐!**

쉬워.
사회 교과서를 완벽하게 이해할 수 있어.

조금 어려워.
틀린 문제를 다시 풀어 볼래!

많이 어려워.
교재를 다시 차근차근 공부할래!

③ 세종특별자치시는 행정이 발달한 도시입니다. 세종특별자치시는 서울특별시에 집중되어 있는 행정 기능을 분산하려 _{행정 도시를 만든 이유} 고 만든 도시로 주요 행정 기관을 모아 만든 정부 세종 청사가 있습니다. 세종특별자치시를 만들면서 각 기관에서 일하는 _{인구가 증가한 이유} 직원과 직원의 가족들이 함께 이동하였고, 그 결과 도시의 인구가 크게 늘어났습니다. 세종특별자치시는 행정 분야와 관련한 산업이 발달하였고, 고속 국도와 철도 등이 지나 교통이 편리합니다.

나

🔼 세종특별자치시의 교통 및 산업도 (2022년)

⋯ 세종특별자치시는 행정과 교통이 발달한 도시예요.

1 ⑤

1 ① 도시에는 다양한 산업이 발달해요. ②, ③ 부산광역시는 교통이 발달한 도시로 고속 국도, 철도, 공항, 항구뿐만 아니라 지하철과 터미널 등의 교통 시설이 있어요. ④ 세종특별자치시는 행정 기관과 그곳에서 일하는 직원들이 함께 이동하여 인구는 계속해서 늘어났어요.

2 ④

2 ① 부산광역시에는 항구가 있어요. ② 행정 기관이 모여 있는 곳은 세종특별자치시에 있어요. ③ 세종특별자치시에는 항구가 없어요. ⑤ 세종특별자치시는 행정이 발달한 도시예요.

3 ③

3 ③ 정부 세종 청사는 세종특별자치시에 있어요.

4 ☑

4 세종특별자치시에서는 행정 기관이 모여 있는 정부 세종 청사를 볼 수 있어요.

❶ 교통 ❷ 물류 ❸ 행정 ❹ 행정 기관

정리하기
본문 126쪽

교과서 자료 읽기 본문 129쪽	1 공장 2 화학 3 조선소 4 항구, 항구	1 울산광역시에는 자동차를 만드는 공장이 있어요. 2 울산광역시에는 대규모 석유 화학 공장이 있어요. 3 울산광역시에는 배를 만들거나 고치는 조선 공업이 발달하였어요. 4 울산광역시에는 항구 가까이에 자동차 공장, 석유 화학 공장, 조선소가 있어요. 울산광역시에는 항구가 발달하여 다양한 공업이 발달하였어요.
자료 더 읽기 본문 130쪽	1 ❶ ○ ❷ × ❸ ○ ❹ × 2 [지도]	1 ❷ 전주시에는 고속 국도와 철도가 지나가요. ❹ 전주 한옥 마을은 옛날에 지은 집인 한옥이 모여 있는 곳이에요. 2 제시된 내용을 보면 학생이 방문한 곳이 전주 천년 한지관이라는 것을 알 수 있어요.
복습하기 본문 131쪽	1 관광 2 영화의 거리	

교과서 내용 읽기 본문 132~133쪽	

1 울산광역시는 우리나라의 대표적인 공업 도시입니다. 울산광역시는 1960년대에 산업 단지가 만들어지면서 공업이 발달하기 시작하였습니다. 공업은 원료와 제품을 싣거나 내리고, 큰 화물선이 드나들 수 있는 항구 주변에 발달하는 경우가 많습니다. _{울산광역시에서 공업이 발달한 배경} _{공업에서 항구가 필요한 까닭} 울산광역시에는 규모가 크고 겨울에도 바다가 얼지 않아 언제든지 이용할 수 있는 울산항이 있어 공업이 발달할 수 있었습니다. _{울산항의 장점}

⋯→ 울산광역시에는 울산항과 산업 단지가 있어 공업이 발달하였어요.

2 울산광역시에는 자동차 공업, 석유 화학 공업, 조선 공업 등이 발달하였습니다. 공업이 발달하면서 일자리를 얻으려고 울산광역시로 오는 사람이 많아졌고, _{울산광역시의 인구 증가 배경} 이에 따라 도시의 인구가 늘어났습니다. 울산광역시에 공업이 발달하고 많은 사람이 모이면서 _{울산광역시의 교통 발달 배경} 도시의 교통도 발달하였습니다. 울산광역시에는 울산항뿐만 아니라 울산 공항이 있고, 고속 국도와 고속 철도 등이 지납니다.

가 ↑ 울산광역시의 교통 및 산업도 (2022년)

⋯→ 울산광역시에 다양한 공업이 발달하면서 인구가 증가하고 교통이 발달하였어요.

내용을 이해한 정도만큼
나를 색칠해 봐!

쉬워.
사회 교과서를 완벽하게
이해할 수 있어.

조금 어려워.
틀린 문제를
다시 풀어 볼래!

많이 어려워.
교재를 다시
차근차근 공부할래!

3 관광 산업이 발달한 도시도 있습니다. 전북특별자치도 전주시는 국가유산과 전통문화가 남아 있는 대표적인 관광 도시입니다. 전주시에는 박물관과 우리나라 전통 가옥인 한옥들이 모여 있는 전주 한옥 마을, 한지 만들기 체험을 할 수 있는 전주 천년 한지관 등이 있습니다. 영화의 거리에서는 전주 국제 영화제와 같은 다양한 문화 행사가 열리기도 합니다.
(전주시의 특징)
(매년 여름에 열림.)

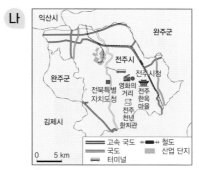
↑ 전주시의 교통 및 산업도
(2022년)

⋯▸ 전주시는 관광이 발달한 도시로 문화유산과 전통문화를 체험할 수 있는 곳이 많아요.

4 전주시에 관광 산업이 발달하면서 관광객 수도 크게 늘어났습니다. 관광객 수가 늘어나면서 관광을 돕거나 상점에서 일하는 사람들도 많아졌습니다. 전주시를 찾는 사람이 많아지면서 고속 국도와 철도 등의 교통도 발달하였습니다.
(가이드, 문화 관광 해설사 등)

⋯▸ 전주시는 관광 산업이 발달하였어요.

---

1 ④

2 ☑ [바다와 맞닿은 곳에 산업 단지가 있어요.]

3 ㉡, ㉢

4 ②, ④

1 ④ 울산광역시에 있는 울산항은 겨울에 주변 바다가 얼지 않아 언제든지 이용할 수 있는 항구예요.

2 울산광역시에는 울산 공항이 있고, 항구 근처에 자동차 공장과 석유 화학 공장이 있어요.

3 ㉠ 전주시의 교통 및 산업도에서 공업 시설을 확인할 수 없어요.

4 ① 전주시는 관광이 발달한 도시예요. ③ 전주시에는 관광 산업이 발달하여 관광과 관련한 일이나 음식점에서 일하는 사람이 많아요. ⑤ 전통 한옥이 모여 있는 곳은 전주 한옥 마을이에요.

---

❶ 공업 ❷ 항구 ❸ 관광 ❹ 늘어나면서

정리하기
본문 134쪽

교과서 자료 읽기
본문 137쪽

1 ×

2 • ㄹ
• ☑ 교통사고가 많이 일어납니다.

4

1 도시에 사는 인구가 늘어나면서 주택 부족 문제가 일어나고 있어요.

2 • 주차 공간 부족 사례를 보여 주는 장면은 ㄹ이에요.
• 교통사고가 많이 일어나는 것은 교통과 관련한 도시 문제예요.

4 도시에는 주택 노후화 문제, 주차 공간 부족 문제 등이 일어나요.

자료 더 읽기
본문 138쪽

1 ❶ 문제 ❷ 환경

2 ☑

3 ❶ ○ ❷ × ❸ ×

1 ❶ 제시된 자료는 도시 문제를 보여 주는 것으로, ❷ 환경과 관련한 도시 문제를 나타내고 있어요.

2 제시된 내용을 보면 그림에 들어갈 알맞은 모습은 쓰레기가 쌓여 있는 그림이에요.

3 ❷ 제시된 사례를 보면 도시에는 쓰레기를 버리고 처리하는 시설이 부족하다는 것을 알 수 있어요. ❸ 도시에 환경 문제가 발생하면 사람들의 삶의 질이 떨어져요.

복습하기
본문 139쪽

1 도시 문제 2 ☑ 차가 많아서 길이 막힙니다. 3 폐수

교과서 내용 읽기
본문 140~141쪽

1 도시에 살면 편리한 점도 있지만, 도시 문제로 불편을 겪기도 합니다. 도시에는 많은 인구가 모이면서 주택 문제, 교통 문제, 환경 문제, 안전 문제 등 다양한 도시 문제가 발생합니다.
도시 문제가 일어나는 까닭
···→ 도시에 많은 인구가 모이면서 도시 문제가 발생하고 있어요.

2 도시에 많은 사람이 살면서 주택 부족 문제가 일어납니다. 이에 따라 살 집을 구하는 데 어려움을 겪는 사람들이 있습니다. 또한 주택이 노후화되어 다시 지어야
주택 문제 ①   주택 문제 ②
하는 경우도 있습니다. 도시의 교통 문제도 사람들에게 불편함을 줍니다. 도시에는 차가 많아서 도로가 자주 막히고 혼잡한 경우가 많습니다. 교통사고도 자주 일어납
교통 문제 ①   교통 문제 ②
니다. 많은 차를 주차할 만큼 주차 공간이 충분하지 않아 문제가 일어나기도 합니다.
교통 문제 ③
···→ 도시에는 주택 문제와 교통 문제가 일어나고 있어요.

내용을 이해한 정도만큼
나를 색칠해 봐!

쉬워.
사회 교과서를 완벽하게
이해할 수 있어.

조금 어려워.
틀린 문제를
다시 풀어 볼래!

많이 어려워.
교재를 다시
차근차근 공부할래!

3 도시에는 환경 문제도 발생합니다. 공장에서 나오는 폐수로 인해 하천이 오염되고, 매연으로 공기가 나빠집니다. 쓰레기를 처리하는 시설이 부족해서 길이나 도로에 쓰레기가 쌓여 있거나 쓰레기 분리배출이 제대로 되어 있지 않은 경우도 많습니다. 안전 문제도 도시 문제 중 하나입니다. 사람이 많이 다니지 않는 곳에서는 범죄가 일어날 수 있고, 관리가 제대로 되지 않는 건물이나 시설에서 사람이 다칠 수도 있습니다.

환경 문제 ①
환경 문제 ②
환경 문제 ③
안전 문제 ①
안전 문제 ②

⋯› 도시에는 환경 문제와 안전 문제가 일어나고 있어요.

4 이러한 도시 문제를 해결하기 위하여 지역 사회와 공공 기관에서는 다양한 노력을 하고 있습니다. 먼저 주택 문제를 해결하려고 주택을 많이 짓고 낡은 주택을 정비합니다. 교통 문제 해결을 위해 대중교통 수단을 늘리고, 주차 공간이 부족한 곳에는 공영 주차장을 만들고 있습니다. 또한 환경 문제 해결을 위해 쓰레기를 태우거나 묻을 수 있는 시설을 만들고, 쓰레기를 분리배출할 수 있는 시설을 늘리기도 합니다. 그리고 범죄를 예방하고자 안심 귀갓길을 표시하고 곳곳에 폐쇄 회로 텔레비전(CCTV)을 설치하고 있습니다. 이러한 노력과 관심으로 살기 좋은 도시를 만들면 도시 사람들의 삶의 질을 높일 수 있습니다.

주택 문제를 해결하려는 노력
교통 문제를 해결하려는 노력
환경 문제를 해결하려는 노력
안전 문제를 해결하려는 노력

⋯› 도시 문제를 해결하고자 다양한 노력을 하고 있어요.

1 도시 문제	1 도시에 인구가 모이면서 주택 문제, 교통 문제, 환경 문제, 안전 문제 등 다양한 도시 문제가 발생해요.
2 ⑤	2 ⑤ 안심 귀갓길 설치는 도시 문제를 해결하려는 노력이에요.
3 ②	3 제시된 사례는 도시에 공장이 많아지면서 발생한 환경 문제로, 공장에서 나온 폐수로 인해 하천이 오염되는 모습이에요.
4 ❶-ㄹ ❷-ㄴ ❸-ㄱ ❹-ㄷ	4 도시 문제를 해결하기 위해 정부와 지역사회, 공공 기관이 함께 노력해요.

❶ 도시 문제 ❷ 주차 공간 ❸ 많이 ❹ 늘림

정리하기
본문 142쪽

가로①	도시	세로①	도시 문제
가로②	산업	세로②	공업
가로③	물류	세로③	행정
가로④	편의 시설	세로④	삶의 질

**도전!
어휘 퀴즈**
본문 143쪽

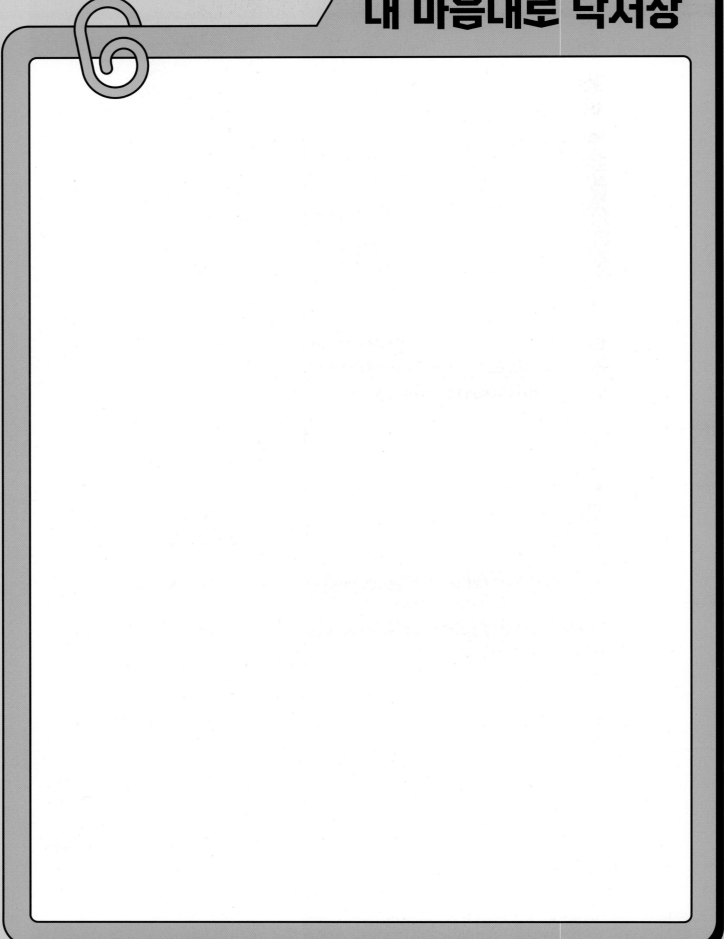

내 마음대로 낙서장

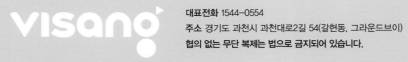

대표전화 1544-0554

주소 경기도 과천시 과천대로2길 54(갈현동, 그라운드브이)

협의 없는 무단 복제는 법으로 금지되어 있습니다.